读诗

端的冬天

2021年 第二卷（总第43卷）

主编：：潘洗尘

编委：：叶永青 朵渔 巫昂 宋琳 赵野 树才 莫非 耿占春 桑克 雷平阳 潘洗尘（以姓氏笔画为序）

长江出版传媒

长江文艺出版社

图书在版编目（ＣＩＰ）数据

读诗·端的冬天/潘洗尘主编. -- 武汉：长江文
艺出版社，2021.5
ISBN 978-7-5702-2048-9

Ⅰ.①读… Ⅱ.①潘… Ⅲ.①诗集 – 中国—当代
Ⅳ.①I227

中国版本图书馆CIP数据核字（2021）第044435号

读诗·端的冬天
DUSHI·DUAN DE DONGTIAN

责任编辑：胡 璇　　　　责任校对：毛 娟
封面设计：天问文化传播机构　　责任印制：邱 莉 王光兴

出版：长江出版传媒 长江文艺出版社
地址：武汉市雄楚大街268号　　邮编：430070
发行：长江文艺出版社
http://www.cjlap.com
印刷：哈尔滨经典印业有限公司

开本：720毫米×1020毫米　1/16　印张：14.75
版次：2021年5月第1版　　　2021年5月第1次印刷
行数：7214行

定价：39.00元

穿越词语
∨

079 健忘症复健计划　巫昂

085 这个世界会好吗　枭子

088 写作时刻　莫卧儿

092 事件　芦苇岸

097 被遗忘的世界高速公路　张洁

100 天伦之落　赵克强

102 白米饭　庄生

104 虚张声势　左右

107 家史　杜思尚

109 一日三餐　朵拉

111 薄刀峰的刀　方启良

114 一朵花儿红了　梁潇霏

117 地铁里的欢乐颂　弱水

121 2018的安娜贝尔　渝儿

126 爱的陈述　薛淡淡

128 老屋　许春蕾

住在家里的诗
∨

132 汤姆叔叔的小屋　姜普元

135 在菜市场　姜馨贺

目录

银河系

<

001 垂钓研究　胡弦

009 痉挛　余幼幼

长调

<

019 访庙　雷平阳

生于六十年代

<

026 吃相　侯马

031 和我妈在家旅行系列　小安

036 月朗星稀九章　陈先发

040 怀抱理想的年轻人　唐欣

045 我的守望者　阿吾

049 风中清瘦　李少君

055 快速浏览　菲亚

064 破壁术　张维

067 三亿人失眠　蒋雪峰

070 削玻璃　李岩

073 佳节　李郁葱

076 有人怀抱巨大的夜空　瘦西鸿

187 在西乡　朱巧玲

189 听奥古讲座时突然感到饥饿逐渐形成　杨沐子

192 深圳诗篇　不亦

195 想一想他的灯光　陈末

199 塔西提　孙夜

201 珞珈山之恋　颜久念

204 墨水之歌　霁晨

207 把群山投入夜色　徐东

209 夜宇宙　唐驹

212 旧时光　安安

214 端的冬天　骆家

巴别塔
∨

216 【法国】弗朗西斯·孔博七首　明迪译

特别推荐
∨

220 天使送我药片　多多

诗人映像
∨

封面诗人　胡弦 余幼幼

138　两面夹击　姜二嫚

深圳深圳——深圳诗人专辑

∨

141　编者语　骆家

142　赞颂　陈东东

146　先知　黄灿然

148　那年夏天　莱耳

150　看电影《简爱》重播　从容

152　半日谈　张尔

154　大象诗社传奇　阿翔

157　二月　梁小曼

159　陌生者　太阿

162　让伤疤长成自己的眼睛　远洋

165　鲁迅先生　樊子

168　父亲节　一回

170　青梅园所在的位置　旧海棠

172　模仿者说　赵目珍

175　荷尔德林的忠告　吕布布

177　反季节　笑嫣语

180　画梦录　赵俊

183　旧爱与回忆　李双鱼

185　罪己书　宋憩园

垂钓研究

胡弦

午后

一只蓝鹊在小街上空鸣叫，
我听了听，
它只是路过，
并不打算控制或改变什么。

初夏

我们爱过的女孩不见了。
大街上的男子步履匆匆。
雨季来临，梯子潮湿。
昨夜，一张古画里的妙人儿，

悄悄更换了表情。

在丰子恺故居

镇子老旧。河水也灰灰的，适合
手绘的庭院，和日常沉醉的生活趣味。
窗前植芭蕉，天井放一架秋千，
饮酒、食蟹，在大国家里过小日子。
一切都是完美的，除了墙体内
两块烧焦的门板（曾在火中痉挛，
如今是又冷又暗的木炭），
与他在发黄的照片里（某次会议间隙的合影）
焦枯的晚年面容何其相似。

小镇的士大夫，画小画，写小楷，最后，
却成了大时代命运的收集者。
据说，轰炸前他回过旧居，只为再看一眼。
而我记得的是，他年轻时
他去杭州必乘船，把一天的路程
走成两天。途中
在一个叫兰溪的小镇上岸，过夜，
买了枇杷送给船夫。
而船夫感激着微小的馈赠，不辨
大人与小人，把每一个
穿长衫和西服的人，都叫作先生。

姜里村

一个小村，一片湖，偶有旅人。
去年在这里，我看见过一个溺死的老者，
沉在水中，竖直，像个日本玩偶。
他的儿子从村庄那头赶过来打捞他，
出水时，他身子很重，滑回水里多次，好像
还没有死，不愿离开那水。
他的儿子面色铁青，看不出一丝慌乱，手也
  有力。
哦，痛哭之前，还有那么多
需要咬紧牙关才能做的事。
后来，在他被拖走的地方，水渍
像一块继续扩大的胎记。
我站在那里，左边是老旧庭院，
右边是凶水；左边是破败的安宁，右边，
一个平静的镜面在收拾
村庄的倒影，和死亡留下的东西。

敦煌

沙子说话，
月牙安静。

香客祷告，
佛安静。

三危如梦，它像是从一个很远很远的地方
跋涉到此地。
山脚下，几颗磨圆的石子安静。

一夜微雨，大地献出丹青。
天空颤栗，
壁画上的飞天安静。

蟋蟀

蟋蟀一代代死去。
鸣声如遗产。

——那是黑暗的赠予。
当它们暂停鸣叫，黑暗所持有的
仿佛更多了。

——但或者
蟋蟀是不死的，你听到的一声
仍是最初的一声。
——古老预言，帮我们解除过
无数黄昏浓重的焦虑。

当蟋蟀鸣叫，黑夜如情感。或者，
那是一台旧灵车：当蟋蟀们
咬紧牙关格斗，断折的

头颅、大腿，是从灵车上掉落的零件。

——午夜失眠时，有人采集过
那激烈的沉默。
"又一个朝代过去了，能够信任的
仍是长久的静场之后
那第一声鸣叫。"而当

有人从远方返回，并不曾带来
胜利者的消息。
但他发现，他、出租车的背部，
都有一个硬壳——在肉体的
规划中，欲望
从没打算满足命运的需求。

据说，蟋蟀的宅院
是废墟和草丛里唯一的景观。
但当你走近，蟋蟀
会噤声：静场仍是难解的密码。
当你长久站立，鸣声会再起，带着小小、
谶语的国向远方飘移。所以，

清醒的灵魂是对肉体的报复：那是
沸腾的蟋蟀、挣脱了
祖传的教训如混乱
心跳的蟋蟀，甚至
在白日也不顾一切地鸣叫，像发现了
真理的踪迹而不愿放弃的人。

而当冬天到来，大地一片沉寂，
我们如何管理我们的痛苦？
当薄薄的、蟋蟀的外壳，像一个
被无尽的歌唱掏空的命题，
我们如何处理我们卑贱的孤独？也许，

正是蟋蟀那易朽的弱点

在改变我们，以保证
这世界不被另外的答案掠取。所以，
你得把自己献给危险。你得知道，

一切都未结束，包括那歌声，
那内脏般的乐器：它的焦灼、恐惧，
和在其中失传的消息。

下雪了

下雪了。雪落在屋顶上，
无论你曾有过怎样的烦恼，
雪都已落在屋顶上。

下雪了。有人说到雪的时候，
雪，就落了下来。
雪落进行人的背影里，缓解了
又一个时代的痉挛症。

下雪了。雪，像前语言的状态。
而一根树枝，
像个正在诞生的细小词节。

雪落着，人间没有隐喻，
浪漫是件不体面的事。
——我暗恋过你，这暗恋，
像人类从不曾面对过的感情。

雪落着，世界慢慢变白，
我们和雪在一起。
我们的屋顶已再次得到确认。

雪人

本以为世上多了个人，其实，
是我们中有个人
变成了假人。

雪很大，天又黑了，
繁花的身体收尽寒冷。
我们也冷，但需要你萌呆的模样，和开心的笑，

雪更大，词语也散了，
情诗写到一半只得停下来。
我已停下来。如果爱你要忍一忍，
如果难过也要忍一忍。

当人群散去，失眠的人
变成了真假难辨的人。
大雪落在雪人上。我们不要的，
大雪要重新把它抱走。

裂缝

冲突结束后，它卡在那儿，

——空洞，无内容，看不到
有何欲望；一个

空怀抱，无辜得
像什么都不知道。
或者，用于倾听的耳蜗仍在往深处延伸……

当冲突再来，它被
慢慢拆开；有时则是突然
紧压在一起，仿佛消失了；仿佛

问题已解决。
……一段虚构的过去消失于
我们对世界的认知之外。

清晨

群山像个句子一样拖着阴影。
清晨，露水之光，一面面山坡……
被领到胡思乱想的人面前。

男子取下墙上的铁器，画眉梳理羽毛，
老火车带着旧时代的寂静。
世界的神秘像一个窗口。你不可能

再在书中读到它了，那奔驰了一夜的
高大悬崖，急停在
幽暗无底的深渊前。

入海口的岛

狂热属于革命，
漫长的耐心才能建造岛屿。
在那里，细沙从我们的生命中漏下来，
进入另外的生活。

"不能被理解。在那中心，
它也许忘记了自身的来历……"
小岛像一把绿色的切刀，把滔滔江水
一剖为二。
当我们重新寻找自己，发现
压在心底的秘密，

早已被暴力洗劫一空。

——实际上，它也可能由我们全部的爱
和错误构成，卡在
余生的入口。在它周围、
那被反复触摸的边缘，有什么在日夜
滑向大海，
仿佛回忆般越来越远的手指？

破折号

河流已干掉，
摸着石头过河的人已死去多年，
而一摊乱石是无辜的。

腰肢如水的女子是无辜的，
咬坏的苹果是无辜的，
晨星、木马、假钞上的折痕
是无辜的。

飞机穿过云层，
头等舱里两个人在低语，
一个说：破折号将死于其延展性；
另一个说：轻的东西都是无辜的。

河水会再来，波浪
会唤醒河床和石头的记忆。
而重现的历史是无辜的。

垂钓研究

1
如果在秋风中坐得太久，
人就会变成一件物品。

——我们把古老的传说献给了
那些只有背影的人。

2
危崖无言，
酒坛像个书童，
一根细细的线垂入
水中的月亮。

天上剩下的这一枚，有些孤单，
一颗隐痛的万古心。

3
据说，一个泡泡吐到水面时，
朝代也随之破裂了。

而江河总是慢半拍，流淌在
拖后到来的时间中，一路
向两岸打听一滴水的下落。

4
一尾鱼在香案上笃笃响。
——这才是关键：万事过后，
方对狂欢了然于胸。

而垂钓本身安静如斯：像沉浸于
某种
把一切都已压上去的游戏。

5

所有轰轰烈烈的时代，
都不曾改变河谷的气候。在

一个重新复原的世界中，只有
钓者知道：那被钓过的平静水面，
早已沦为废墟。

空缺

如果你目睹了一个人死去，
你将平静下来。
如果你目睹了哭泣者
不断颤抖的肩膀，你将平静下来。
因为所有痛哭的人，最后都将平静下来。
现在，树叶沙沙响而树干不动。
让人悲伤的不是天气，不是曾
倚着树干休息又远去的人，而是那
剩下的、环绕树干的空缺。

黄昏小镇之歌

我爱你。这爱，是黄昏的恩赐。
我爱你，在秋天，在静静的小镇。
朦胧中，房屋的暗影像阵阵晚祷。

我知道的茫茫黄昏，
不如围绕你的这一个黄昏。
我知道的世间那么多相爱的人，
不如我爱着的这一人。

一粒火在纸中安坐，

像一个男子在屋檐下行走。
我爱你，像月亮来到天空一角，
又像这灯笼，消失在车水马龙中。

夕晖笼罩，正在消失的白日带走了热量。
我爱你，这爱，将渐渐变成
一座小镇里看不见的事物。
你的笑声、身影，溪水的呢喃，
在身边，又像隔着遥远岁月。

慈溪

古窑址像个陈旧的祭坛。
九月的祖国痛如一件新瓷。

大雨转小雨，
龙窑内，火焰拾级而上，
而毛坯向下，柱础、碎瓷片向下。
一个老窑工告诉我，火焰
只能拾级而上，
并死在通往博物馆的路上。

溪水清澈得像什么都没做过，
而老井、山峦、人的倒影向下。
在鸣鹤镇，只有
阵阵鹤唳摆脱了地心引力。
而戏台高耸，矗立在
所有故事，都刚刚离去的夜空中。

悬垂

穹顶上垂下来一根细丝，底端

吊着一颗肥硕蜘蛛。
细丝隐约可见，虚空本不可知。
而一颗蜘蛛出现在那里，在虚空中
采集不为人知之物，并以之
制造出一个便便巨腹。
光影阵阵，蜘蛛的长腿踩着空气。而一根
细丝，绷直，透明，存在于
自身那隐形的力量中，以之维系
一个小世界里正在形成的中心。

夜雨记

看见一本抄经，
想起抄经者已不在了。
看到一则讣告，惊讶于
我以为已死去很久的某人，竟在世间
又默默活了那么多年。

昨夜暴风雨，失眠者在床上
辗转反侧——要在激烈的
扭打过后，才能分辨什么更适合怀抱。
我也曾在泥泞的路径上跋涉……

而阳光照着今晨的理发店。
经过梳理，一场
暴风雨渐渐恢复了理性，消失在梳齿
偶尔闪现的火花中。

鼓

1

之后，你仍被来历不明的

声音缠住——要再等上很久，比如，
红绸缀上鼓槌，
你才能知道：那火焰之声。
——剥皮只是开始。鼓，
是你为国家重造的一颗心脏。
现在，它还需要你体内的一根大骨，
——鼓面上的一堆颤栗，唯它
做成的鼓槌能抱得住。

……一次次，你温习古老技艺，并倾听
从大泽那边传来的
一只困兽的怒吼。

2
刀子在完成它的工作，
切割，鞣制。切割，绷紧……
刀子有话要说，但我们从未给它
造出过一个词。
切割，像研究灵魂。

鼓，腰身红艳，每一面
都会发出不同的声音。据说，
听到血液沸腾的那一面时，你才能确认
自己的前世。而如果
血液一直沸腾，你必定是
不得安息的人，无可救药的人，沉浸于
内心狂喜而忘掉了
肉体的人。

3
鼓声响起，天下裂变。回声
生成之地——那个再次被虚构的世界，
已把更多的人投放其中。

鼓声响起，你就看见了你的对手。
鼓像一个先知，在许多变故

发生的地方，鼓，
总是会送上致命一击。
——制鼓人已死在阴湿南方，

而鼓声流传：有时是更鼓，
把自己整个儿献给了黑暗。有时
是小小的鼓，鼓槌在鼓面
和鼓缘上游移，如同
你在恫吓中学到的甜言蜜语。

有时是一两声鼓吹，懒懒的，
天下无事。
而密集鼓点，会在瞬间取走
我们心底的电闪雷鸣。

4
守着一面衰朽、濒临崩溃的鼓，
你才能理解什么是
即将被声音抛弃的事物。
——鼓，一旦不堪一击，就会混淆
现在和往世：刀子消失，舍身
为鼓的兽消失。但鼓声
一直令人信服——与痛苦作战，
它仍是最好的领路人。

5
一个失败者说，鼓是坟墓，
一个胜利者说，鼓是坟墓。
但鼓里不埋任何人：当鼓声
脱离了情感，只是一种如其所是的声音。

鼓声，介于预言和谎言之间。
它一旦沉默，就会有人被困住，挣扎在
已经不存在的时辰里。

痉挛

余幼幼

舌头

舌头还没有独立
我坐下来等

等它觉醒、叛逆
等水在口腔中的咕噜
势必是一个病句的发音

正期盼被听见
而后被消失

由于舌头潮湿、懒惰
不透光
辨析真相的能力不可知

我就辨析失败
战争在空气中传播
死伤无声

培养皿中的暴虐
情感交替
细菌繁殖
均由舌头来完成实验

自打有人以来
就有脚印往返走动
穿衣便是坐牢，脱衣
皮肉则是牢中牢

自打人找到舌头
世上就多了一种无用之物
施以鞭刑、炮烙、凌迟

不如翻炒
投喂饥饿的人

吃人并不难
我们的肠胃淌着
腐蚀的硫酸

消化了多少灾难
再来消化一个"为什么"

舌头越来越僵硬
受困于嘴和观赏性
在蜕变为化石的过程中
借用了琥珀的外表
和昆虫的胆怯

体检

我于这一天的上午
走向一张表格
一个错别字以及
一次无神论者的祷告
我以我并非完人
而要再次确认肉体
比想法更加难以保存

我只是一天的开始
而充盈的膀胱
散布的血管
颤抖的关节并非

是一天的结束
所有内脏都注视着
在电子屏上如何形成自我
如何从衰败处获取谅解

扩阴器似真实的器官
慢慢肿胀起来
我知道那些被撑起的部位
与尊严无法等同
我也知道女人
与金属工具天生互补
羞愧会逐渐被时间代谢

我以我在不同房间的低头
换来一种信念的攀升
我知道我会死
但不是现在

任何一个女人的身体里
都会下雨
长出蘑菇并腐烂
长出溪流并干涸
长出自己并无法追赶

彼时窗外也在下雨
像秋天送来的模糊回应
又像身体里的雨下了出来

漂亮女孩

女孩们在肺上
养金鱼
当她们说话
金鱼开始深呼吸

吐出透明气泡飘往左侧心脏
伴随着想要停顿的脉搏、老化的弹孔
气泡再次坚硬起来
像子弹一样
奔向身体之外的死亡

她们没有经历过战争
但保留了
与连衣裙缝在一起的伤疤
精美的骨灰盒
目前装满了各种首饰
当然，还有快递公司的电话
有一天要用来运送自己

——方便的生活
让结局变得更加方便

女孩们漂亮吗
可以说脸很具体，想法不易暴露
围着餐桌闲聊死后的样子
拨弄耳环——
唯一从肉上穿过的金属东西
闪烁着光谱之外的光

有一天是哪天
死后是什么时候
最后女孩们提出了这个问题

阻隔

不可否认
大雾阻隔着东与西
阻隔着某个
不能直线抵达的房间

灯光、灰尘、阴影
便是这场雾形成的原因
块状的水汽合拢衣服
听不见扣子的声音

我从床上起来
走到雾中
以为早上便是一天
的结束
以为雾气可以凝结成河
从头顶上流过

我以为还有更多
的不可见
应该划归为距离的遥远
河水穿过同一座城市
两具模糊的身躯
以及他们
各自所在的世界

雾难以消散
即便我伸出手
好像雾是不存在的
我也是不存在的

太阳从雾的背后
透露出融化的迹象
也许不是太阳
而是一个不确定的人
在消耗热量
雾是从他那儿升起的
会不会在同一个人身上散去
答案依然不太确定

武器

走进婚姻的人
同时走进
一锅番茄汤
在熬制的过程中
沸腾的汤汁
在手腕上
咬出了酸的牙印

走进婚姻的人
在滚烫的锅底找到
溶解的武器
先割下彼此的缺陷
再一起把
伤口煮进汤里

可怕的人才喝汤
可悲的人
都走进了婚姻

火星

我的晚餐
如此明晃晃

隔夜黄昏
含有亚硝酸盐
以及反常的亮度

前一天的云
还在盘中燃烧
人也在烧燃
骨头从内部把

磷火撑开

用最小的火星
招待所有人
吃吧
身体里需要一盏灯

熬夜

我们从树叶上滴落
带着雨的质地
和酒的口感
而我先于这一切
的发生
把味觉移植到耳朵上
蝉声酸甜
树在熬夜
我们去给它打针

化学物质

血管连通下水道
我连通电池的负极
为化学物质
安上马达
在人与人之间反应

因为绝望不仅
是铁打造的
铜、铝、镁、硫酸
都有相似的属性
悲哀另有塑造对象

眼泪过滤后
比酒的度数高

据统计
到目前为止
只差一个马达和
一个科学家

凿

我闭上嘴巴
请在上面凿一首诗吧

不要命的唾液粘住
不要命的锤子

嘴唇被缄默轰炸
飞机大炮
纷纷降临禁闭的夜空

朝夕

我们朝夕相处
直到把对方视为房间
里的家具

打开电视才有
人的声音

我的左侧乳房
今天在
明天不在

或逐渐丧失了想法

洗梦

有人预备
把所有梦都洗干净
装进他们的梦
之后
每个人都用
同一种语言睡觉
梦见相同的事物和场景
梦见梦的方式
也相同

所有被洗过的梦
不知道过往
也不知道
除了做梦还可以
做爱

夜晚其实有颜色

尤念[1]十三章

一、弯角尺子

顺着梯田往上爬
就爬到一把弯角尺子
的尖尖上
除了测出梯田的垒砌
还测出梯田的欢喜
有多少稻谷、玉米、黄豆

都跑到刻度上躺着

春夏秋冬依次排列成行
种子的往事
低于平地
也在等待被测量

唯有一粒掉在云里发芽
从今往后
它不再被人食用

它只是独自傻乐
俯瞰人间
粮食堆到了半边楼
的尖尖上

二、手掌心的火苗

给房屋盖上一片瓦
山里的夜有点凉

红瑶老妇在手掌心点燃火苗
火上烤着陪嫁的白银
什么都要
有温度才行
身上的火一直蹿到山冈

生活层面的琐事
比白天更烫

夜啊，不得不变成一块
烧红的铁
遇到劈柴、喂马、挑水、织布
的人就瞬间熔化

三、上山

每个上山的人都很吃力
烟雾在小腿上缠了许多圈
肩膀上的露水
比腰上的显得更敏感

山路绕着炊烟修建
炊烟又在柴火上长大
顽皮的孩子用脚把柴火
踩得噼里啪啦响

上山只需听着声音
上山的路连接着
子宫与坟茔
距离投胎转世
只有四十五度角

山顶上
消逝的风景和岁月
都与人葬在一起

四、她们

她们用草木灰
把耳环擦得闪闪发亮
在隐蔽的年纪
把钝器敲打进肉里

她们在棉纱线上吃过亏
就不会拿错纺锤
在挑针、布刀、排梳中间
选择最锋利的一个
托付终身
或者她们进入染缸

和染料一起冷静冷静
待到身体发育得
和布匹的颜色一样蓝
才走向日常

她们用淘米水洗头
头发高过了人
没有一把剪刀可以决定
她们头发的命运

也没有人说
活着究竟美不美好

五、红

红是一条祖先的染色体
每个人手里都握着
红的基因
使劲一点还可以拧出血来

红倒挂在树上
沉淀在地下水里
偶尔跳进女人的上衣

红沉默的时候
就是在书写历史：
"食尽一山，则移一山"
在密林里迁徙
有多少红
钻进了野兽的身体

红被分娩之时
也把大山的阵痛
传给了下一代

红在后辈的血管里改道
流进了山洞
企图隐藏自己

六、楼上楼下

住在半山腰的女子
小腹微微隆起

过堂风挨家挨户带去了喜讯
风中携带着
自家酿的米酒的甘甜
和竹筒饭的清香

山下送来了红鸡蛋
白马驮着喜悦
在她陡峭的肚皮上爬坡

她的房子有两层楼
楼上离天空近
用来放胎盘
顺便摘星星给娃儿
楼下离小河近
用来放脐带
口渴了就让娃儿吸

七、天光乍现

神仙梦遗了
落在山坳里面
形成明亮的天光

天上不能空着
没有神也要造一个神

不保佑生育
也要保佑死亡

光斑时而在大寨村
时而移到平安村
时而在没有床的山林
时而移到姑娘们的脸上

一看她们笑靥如花
就知道未经世事
没有想过生死的问题
也没有谈过恋爱

八、喂马人

喂马的人和他的两匹白马
同在一片绿荫之下
又仿佛来自
两个不同的世界
他们之间
天然形成了一条溪流
二者静默着
无话可说

流水也有不相同的时候
唱的歌由远及近

当水没过裤管和马蹄
这一天就算结束

马和人走在同一条
回家的道上
溪流紧紧尾随
到了家门口才拐弯

九、风雨桥

风雨桥兼顾了买卖
和晒棉被的事务
路过的人
除了把斜着照进来的阳光
再扳斜一点
还能用很少的钱
换取妇人精巧的刺绣

她们有固定的位置
坐在那里
把经历的变数与沧桑
都纳进鞋底

风雨桥就像一只
横亘在河水两岸的鞋子
走过了百年风霜
却还是没能
走到河的上游

十、杨氏族谱

打绑腿，戴包头布
祖籍湖南或江西
杨氏族谱翻开第一页
夏天就换了一张脸

不痛不痒
不沉重也不脱俗

刚好可以跨到秋天去
与逃难的名字
并排坐着喝二两白酒

有的名字在树叶上定居
有的名字正在打造一副棺材
有的名字仍然有肉体
有的名字随炊烟
一起飘上了天

十一、埋人

想起吃过的泥巴
许多人都畏惧起来
当年的石头
在肚子里早已变成
漂泊的骨头

一穷二白的人
坐在矿脉上
找不到利器把
自己了断

唯有埋死人的时候
可以挖到金子
那是人们的悲伤
给石头
镀上了光芒

十二、短把锄

当双手离开庄稼
他们就将镰刀磨成钥匙
通过钥匙孔去
打开一段悬而未决的婚姻

男人女人们在

田边地角唱"短把锄"
声带压着一根稻草
稻草咳嗽的时候
显得最真诚

他们清闲的屁股
坐满了田埂

爱情要从这里路过
未来的孩子
也要从这里路过

十三、运山

汽车开到山脚下
他们开始商量
要把大山运出去

运山的人极目所望
眼前全是山
分不清楚哪座
是山的本身
哪座是他们的阻碍

阳光从山头垮下来
在他们的身上
划分出阴坡和阳坡

山与人合为一体
人走哪里
山就走哪里

①尤念:红瑶的自称。

爱情是人类的通病

有时候花整天的时间看电影
从法国到英国再到美国
每个故事都会碰到一对男女
仅仅是碰到
过后的情节任由他们自己去发展
悲欢离合都是虚构
但谁也不能拒绝爱情的真实

访庙

雷平阳

海边

群鸟飘远，云朵归来。峭壁上
树木向着自己弯曲，绷紧铁弓，几根
折断的枝条，比写意画中的枯笔
更见自省的魄力、暴力。站在礁石与船的
接缝处，他历数不能扑灭的光
身体在晃荡，像久经侵蚀的桅杆
于坚硬中腐朽，腐朽的部分仍然有着
铁的品质。仿佛灯塔之光已经被扑灭
他为之形销骨立。大海之上的黄昏
浪花与繁星正在进行天空的接管典礼
他嘟噜着什么，迷失，瓷器，珠宝
活着回来的人最喜欢去的地方就是
自己的墓地。我倾身向海，祈祷波涛之间

不要有喜事和丧事，不要有幽灵和人影
混杂着出没："海神庙里的事物
真理和真理的瑕疵，我没有想过要去纠错
不想反方向的找出更多的真理。不想，我只想
口含一口烈酒活下去……"话已至此
我们枯站了一会儿，专心于遗忘与遗恨
他划着小船离开，我继续
理智地住在灯塔里。海中灯塔的倒影
摇晃起来，从实相中脱身，像一条朝下的
眩晕的，直接通向海底的输油管道

访庙

你知道佛眼寺吗？它建在浪穹县
红色丘陵之间的天坑内
入了寺门，是下坡路。部分的我，正看见
几座大殿、罗汉堂和放生池，在天坑的底部
像传说中按寺庙的设计图修建的地下城
无势，无抬头的视角。我惊讶的
径直穿过它们，至寺院的后面，没有杂役
呵斥我停下。那儿并没什么古老的出口
一座高岗，就像出自河床，冰水滴答作响
苔藓、青蕨、古藤私分了天空
摩崖上题满了血红的字，题字的人
我无一得识，得遇，但能够想象他们
——他们，彼此陌生，服饰各异，携酒而行
被障碍所阻，突然就有了凌空挥毫的冲动
而且这些反对走回头路的伟男子，并不在乎
这是给自己提前书写墓志铭，毫无铺垫
就开始用绝壁测试自己的重量和寿辰
我处身之世，已经不赞成一个人擅用一座山
一条江，一片平原，一个国家作为自己的墓碑
因为无人可以匹配，因为每一座巨大的
墓碑拒绝了以死叩访它的人。他们与我
相隔久远，确实还可以这么任性而为
每一个字的体积是三米乘三米，令我
只看见了字形而忘了字义。南无阿弥陀佛
如此大的字，其字形与字义，部分的我肯定
不能匹配。一个笔画所用的石头就能凿出
一头石狮子，大铁围山的金属城或许才会这样
想想那把字往大处写的
时代，不知道人有多大，笔有多大。也许
那时候的人小得只能寄生在笔杆中，顶多
也就大如腹鼬。或者青蚨。《鸡足山志》里
推荐过的豆粒人。如果这样的推断无误
他们中会不会有某君，写出了更大的
绝壁也放不下的字？他像蝙蝠一样翻飞

诅咒着造物主的小心眼，借一棵冲天而起的
银桦树，将自己的血管接通到彩虹之中
可以肯定，也有人没写字，坐在竹林里喝酒
三天之后醒来，同游的诸君已经一身滴着墨汁
不知去了另外的什么寺庙。哎呀，满壁的字
他也不清楚会不会有人看见就缩小了身体
返回竹林，接着喝酒，不断的醒来又沉醉
我已经戒掉了恶俗的书法，只有部分的我
还用钢笔写诗，所以，这些墓志铭
以后还会出现的墓志铭，它们对我形成的冲击
走出寺门之后，我就会命令它们马上
从我的心上消失。不过尔尔，不过如此
尔曹身与名俱灭，不废江河万古流
让我不快的，是在离开佛眼寺时，我指定自己
状若一个被逐出寺门的老和尚，人生已至残年
不知道还俗的时光该怎么挺住。为此我倒退着
走在入寺时的原路上，一边上坡
一边高抬着右手，在寺庙顶上的天空写下了
不少的字。黄、徐、朱、傅，四种书体
同时用上。内心隐隐觉得，在空中
有鲁直，文长，八大和青主偶相往来
尽管不会留下墨痕，此生也就不用再与旁人
多费笔墨与口舌。部分的我因此死掉
为我所不耻——访庙结束，站在
天坑之上的庙门外，摇动着空碗的几个乞丐
围住了我。我说："我想捐出自己的右手！"
对自己如此凶残，他们认为我在拒绝施舍

电梯里的镜子

上去，下来，中途常有片刻的停顿。
"它记住了什么？"问的不是
在接受某种隐喻后，电梯本身的阅历与记忆。
你是想知道电梯里那面镜子，它又一次被换掉，

是不是它合法地存储了什么非法的秘密。
它又能记住什么呢，这面公开的电梯里的
镜子？它将被砸碎，或被移至堆放杂物的
仓库中，听任灰尘将其封结。你看见过街道边
人们用石头砸碎镜子的场面——里面，最里面，
跳出无数的碎屑，而且这些舍命闪烁的碎屑，
只有蚁蝼用来做镜子，只有放到伤口内，
才能让生命为之战栗，除了碎屑
什么也没有找出。你也看到过那些仓库里
被抛弃的镜子，包括某些时候你在街边绿化带
看见的镜子，在垃圾堆上斜插着的镜子，
应妻子的要求你亲手塞进床底的镜子。
它们如你所见，无一不是镜子家族无用的遗物，
无一不是儿孙们驱车送往城郊养老院的
神志不清的爷爷奶奶和父亲母亲。除此而外，
也许你会用手指掠开积尘，摸一摸某个雕花的，
镶着银丝的红木镜框："它记住了什么？"
派出所里的户籍警，在电脑上一边登记新生儿
闪光的姓名，一边删除死亡者模糊的户籍，
镜子的功能与户籍警没有本质上的误差。
你的每一个质问，都想同时表达两种
尖锐对应的态度：我要确认，但我反对。
所以，那拆下来的镜子中，向外渗透的
或许不仅仅只是找不到出处的灰烬。而灰烬
掩盖了你想象中电梯内产生的一切，
灰烬还像麻醉物，直接涌入你的大脑。
电梯照常运行，有意无意，它的客人一般都会
前往镜子里翻找自己，此我与彼我是复制品，
互相拯救，然后放弃。在那受到严苛局限的
金属空间内，必然发生的事情，比如断电，
相遇，坠落，人们仍然不惜代价地查找着它
　们的
偶然因素。试图将神的意志划归给自我，
却又在自己用劣质食材烹制的晚宴上，因为
自己难以下咽而逃之夭夭。客人不是客人，
自己还是自己。"谁让你进入我的家门？"

电梯内躺着一个心存敌意的醉鬼，整整一天，
他抱着一座铜钟，上去，下来。停顿时，
见人就问。还闪电式地反复追问："你，
到底是谁？"你背靠镜子，冷冷地
回答他："我是镜子！"他突然一惊
提高了音量："噢，镜子，镜子，你闪开，
　闪开，
我要回镜子里去。"一张变形的脸死死贴在
　镜面上。
把他留给了镜子，出了电梯，你又焦躁地
说了一句："不，我不是镜子！"这也就意味着
你不是海面、瞳仁、白玉、刀锋，你是一种
与它们性质相反的器物。后脑勺上那扇
开开合合的门，进去什么，什么出走，
你始终一无所知。你始终一无所知：镜子
什么也没有记住，但镜子中常常会有人
跳出来，秘密带走他们相中的人。

山顶

往生之前。末代祭司
把山上的人
分别召至床边
拉着他们的手，内疚到窒息
牙齿，就像紧咬着棺材上的铁钉
一字一顿，说了同一句话
——"不敢肯定，我还能回到
你的身边，为你渡劫！"
断气那个傍晚，他黑铁抓钩式的右手
抖动了一下，停在一位少女潮湿的掌心
窗外，白鹇鸟停在树冠上
等候着落日重新起航
他的目光，能洞见多少灵魂在共用一个
身体，或几个身体在合租一个灵魂

含咒的嘴巴
一声长啸，几个重复使用的词组，下道命令
喊回了数不胜数的尚未嚼尽人间苦果
意外或者蓄意奔赴天国的满身臭汗的人
"死神对他又爱又恨。"
他观察一只雄鸡剖开的内脏
就能知道面前这位无望的人
因为什么，身体的某个器官
受到了恶灵歹毒的诅咒并让恶灵
有回报的，马上收回诅咒
话题的核心：他往来在几个奖赏与处罚
相互掣肘的有形、无形的聚落之间
确保至善、至勇和至美
获得最好的结局
现在，人们从他旧牛皮的脸庞上
废船舱的躯壳上
看到了这些法力突然的消散
人人都曾劝慰他："寨父，您且安心
去往天国，别因为我而返回人间！"
山顶。积雾吸饱冰水，将幽灵大军的
庞大躯体无声地撞向空无
向外挤压出阴冷的水丝
凸起的恶石头
南方电网公司陡峭的线塔
因为电线下坠形成的高压电巨乳
——被抹上了一层黏糊的灰物质
隐喻、用意并不明显
当一堆芳香的原木点燃
红焰与黑烟内
把他烧成白灰
像理性的执法机构在广场上
心疼地烧毁象牙和犀牛角
谁也无权制止，又谁也顶替不了他
那一刻，一小堆骨灰形成的雪崩
此山北坡，暴露在外的
有如几万亩虎骨的杜鹃花根系

遭受了掩埋
人人自危，在冷雾中
稍稍动一下僵硬的脚
绝壁就升了起来
自以为一直朝着天国方向奔跑在身前的影子
第一次躲到了身后，像蝉翼没完没了地战栗
"无人，无物，无念，无无
得以幸存。"幸存者说现在的他
是草窝子里的一张蛇皮
尚未由祭司经手超度的鬼魂
数量并不比人少
他们穿着隐身衣
看到了他的死亡引发的危机但没有把隐身衣
脱掉。这个人，是唯一能确认他们存在于世
　的人
唯一能看见他们并与他们交流的人
像他们一样从人群中走出
又没有来到他们中间，而他们
等待他的拯救已经等得快要现出人形
他们没有脱掉隐身衣
看不见的绝望
听不到的哀嚎
缺少了他，就是空
他们像一切抽象而又确实存在的物体
用隐形的脑袋，无用地叩击岩石、人体、铁塔
叩击那一小堆骨灰
鲜血流光了，但没有痕迹
魂中之魂为之飘零
他，没有再来帮他们收拾……
——哦，在这山顶的葬礼上
世界向阳的一面
向阴的另一面
终于得到了理论上神圣的融汇
尽管结局是舞台上同时上演的两台悲剧
同时落幕。而且，周围群山上的旁观者
看到的是这样的场景：无量山的太阳

落下天空，落进了一场大雾里
人与鬼合力将它埋葬在高高的山顶上
这些人反理论
我们为之脱掉了隐身衣

动物园

一

我思考的不是这些动物
有没有可能从铁笼里活着出去
而是它们是否忘记了
铁笼子的存在，或眼里是否只有
铁笼子。我只思考现在
是的，放弃了现在
回忆从前的自由和谈论未来的重获自由
都没有贴身的非生即死的意义
难题在于：我的思想左右不了动物
动物也不会像我这样——把人
强行植入到动物的命运中——罔顾
动物的主权，危机四伏的进行思考
与屠杀相比，将动物驯化为演员和玩偶
在表象上，人们已经作出了让步
不少的动物还认为自己获得了
新生的天鹅绒摇篮。但那些旁观的神灵也许
看得更清楚：其实，这才是动物
生命属性完全灭绝的戏剧的第一幕
它们活着，却不知道自己灭绝已久；它们
保留了动物的外形，却换上了人的心脏
安装了人的瞳仁。我很少听见有人
主动探讨动物的尊严与独立需要尊重
尤其是对待老虎和狮子这样的猛兽
他们的恐惧感，他们间接取得的死亡经验
令他们在老虎和狮子的影子中，看到了

烈怒之人的脸庞。所以没有谁反对
铁笼子对老虎和狮子的终身禁封，担心它们
每一次出击都代表着人。现在，就给它们
合法的自由？估计那些职业驯兽师
也会惊出一身冷汗，到人群中去驯服猛兽
他们对未知的荣耀不敢贪功
也拒绝为劫难承担责任

二

现实，现在，不同旨趣的两个概念
我们看见：现在，摄影师
名为"孤独之王"的专题摄影项目
正在大象园孤独地拍摄。他的镜头将铁栅栏
当成了饰品，专注于大象望天的王者气质
或选择性的摄取巨大象体的局部，腿，鼻子
忧郁的眼睛，落日般浑圆的臀部
一切都集中于作为理论来谈论的孤独
而现实，我们知道，这是软禁中的大象
捕获自印度支那半岛，它们的反抗一再被麻醉
暴动仅限于自己的巨大身躯和恐怖的食量
对人所产生的震慑力。麻木不仁的
万念俱灰的，等死的或说已死的庞然大物
绝不是什么孤独之王。现实：摄影师有成王
    之念
或已经自我封王、封神，他是孤独的
藩属国的孤独，向铁栅栏致敬的孤独
现在：他与大象同处于铁栅栏内，但他
视大象为国王，摄影术意味着偷换
异化、媚己。他朝圣者的手指不停地按下
快门，咔嚓，咔嚓，大象则开始午餐
绿色的草垛来自郊外，高出了铁栅栏
像想象中的一座青山

三

海族，丛林动物，分别托身在房屋穹顶之下的
微型之海和假山。食欲，习性，死法
对自娱自乐的宗教的盲目崇拜
仪式上也大相径庭。它们在同时出现于
一个孤儿院或大剧院之前，彼此
是不能遇见与发现的未知，黑洞，盲区
天空的后面，如真理隐迹在铜墙的另一侧
现在，研习破戒的法术蔚然成风，让人
迷上了魔法与诅咒。水池与假山之间的空地上
一团白烟在金钱豹身边冒起、消散
金钱豹变成了海豚。泅渡中的鲨鱼听见咒语
仿佛水底飞出沉舟，落到假山上
原来是一头优雅的梅花鹿。成群的猴子
经不起召唤，纷乱地跃入水池，逐一地
取代了腥臭、丑陋的鳄鱼
鲸鱼所在的池塘，有广场那么辽阔
它们也学会了变身术，突变为大象，又突变
成自身，反复的循环，意在强调两种无关的
　势力
终于找到同一艘幽灵船作为身体。也许它们
只想躲到对方体内，让对方向观众表演
两种动物的节目。正如那头金钱豹
现在它总以海豚之心，怀念自己那一身
金光四溢的皮毛。但人所赋予它们的杂技
在它们的消亡过程中，它们未必会如数带走
"不过是博你一笑……"，一只蓝喉金刚鹦鹉
说完最后一句人话，便化身为麻雀
从此再也不在动物园中重返自我

四

黎明。摆脱了宿命论，每一次当选
新的自己，动物园拒收的鸟儿用叫声
送给我的彩色钻石最多。多得

没有一个房间可以装下我的喜悦
可我并不认为梦境中的泪水与谎言，离乱
与求助，从梦境中出来杀人又退回梦境的人
它们，他们，有着空无之相，应该用橡皮擦
从脑海上轻轻擦掉。他们
每一夜搭设又抽空梦游者的玻璃栈桥
胁迫你加入，接受，反对，命令你用死
证明自己已死，用生证明自己再生
让你并无什么美梦可供沉醉，然后又放你
平安归来，在黎明的鸟叫声中惊醒
某些阳光刺目的正午，在动物园的草坪上
你想也许真的有谁在暗中拉了你一把
就像被围追至山涧里的麋鹿，发现涧底草丛中
有一条刚刚凿出的，直通山外的隧道
死亡与光同时乍现，你没有戴眼罩，双目
一直睁着。对此我该用什么语言去表达？汉语
英语，傣语或没有文字的白族语？一只孔雀
爱上了动物园，掐死了离去之心，它在我身边
几次开屏。我的脑海中剩下的汉字
包括标点符号，就这么五十八个了："你的
　　历险
与蒙恩，动物们每天在经历，区别在于
——你假装不知道，你认为它们不知道
而它们时刻目睹自己的死亡，但真的不知
　　道！"

五

新的即将灭绝的雪豹入园，它们的居所
以前居住的白犀牛，刚刚灭绝
它们遭到了遗弃，但我们以为我们
得到了一份稀缺的礼物。哦，不，这不是
上帝的事儿，我们不能将什么事都归于上帝
雪豹无力自救，可以预见的灭绝者的骨灰
正如遭遇饿殍抢劫的面粉店里的面粉
潮水般的人，透过厚厚的玻璃墙

第一次看见它们，他们看见的是两头
对处境没有对策的困兽，而非那闪耀在
雪山与天空之间的闪电。孤傲，守望，高贵
这些它们天生的但又拒不领受人类围观的品质
被"潮水般的人"真的围观时，也不出意外地
闪电般，瞬间消失。"啊呀，什么雪豹
分明是我家的皮堡斯猫长大了……"
动物园里并无新鲜事，两头最善于攻击
速度和耐力卓绝的西伯利亚虎，在旁边的铁
　笼中
静卧于地，冷冷地关注着。它们的冰山
乃是人们用卡车从幻觉中搬运而来的仿制品
悬崖的高差，石径的危险系数，低温之低
均取决于设计师细小灵魂的尺寸
而且天空，因它们而下降，却不可复制
远悬在上栿的玻璃屋顶之上。它们
一再地腾空，向下飞跃，每一次都只完成了
青蛙的成绩，受到的反击则需要橡皮人去承受
才不至于粉身碎骨。自由的秉性最终促成了
内在的毁灭，像人一样，内在成灰
只有雪豹这一形象保留完整。再剩下的
将会是什么呢？两头西伯利亚虎主动想
陈述一点什么，但自己归于良顺的断颈之悲
又真的难以启齿。遂将目光移向了游客
一位天真的孩子用玩具枪瞄准它们
嘴巴里"砰"的一声，它们应声倒下

六

它们在繁殖，与人无异，本能的
或者人工授精。它们试图找到反人类的方式
我支持它们禁食、装傻、缄默，它们却
先于我服从了另一种生涯。除了背叛
很少有信徒活着离开宗教，能从动物园
离开的动物，也总是被送往另一个动物园巡展
或因死亡而焚烧在郊区的山上。它们弥留之际

所选定的屈从，理论上来说都是基于
对死亡缺乏研究。私自以为死亡与现况之间
存在着一个国家而这个国家看不见诛杀
所有的死亡都是自戕。生的自由消失了
能抓住死亡的人权，自己的尊严
就没有丧失干净。这群畜生，它们
确实意识不到：所有的生命都在纷纷等待着
是的，等待，等待漫长的等待之后的自戕
没有谁动手，没有谁下令，也没有谁
诱导，一切都得由你自己来。每一次
看见幼兽吸食它们的乳汁，跟在它们后面
在铁栅栏里散步，嬉戏，我有着媒体记者因为
某个物种香火不断而涌动的职业性喜悦
但也会引出观众看见电影里一位父亲假笑着
带着儿子入宫去做宦臣时极端的悲情
这属于它们的，也是我们的，即使只是
以游客的身份回想起来，预感到什么
我想，一头接着一头，一种接着一种
它们就是在表演我们，实实在在地
出现在这里，出现在那里
出现在现在，出现在来日

吃相

侯马

圣诞夜

在德国的腹地
茫茫雪原中
一座孤零零的
假日酒店
客人全走光了
只有一个中国旅游团
和一些不知为何不回家的老人
我穿过餐厅时
对其中一位手持刀叉的先生
说了一声
Merry Christmas
这时我听到
所有的老人

停下刀叉
抬起他们苍老的面庞
一齐说了一声
Merry Christmas

崩溃

老G的官场朋友
非要请我吃顿饭
就安排在我单位附近
天安门广场边的烤鸭店
他志得意满
准备八卦一番

我却脱口说起
对伊沙的极度赞赏
极度推崇
他的表情告诉我
这显然出乎他的意料
他颇为自信的世界观
差点崩溃

新婚

派出所年轻人不多
女警更少
白净的于姐
在后院彩绘的厢房
苗条的小宿
在前院加盖的平房
小宿新婚
有一天我问她
准备什么时候要孩子
她显然没有想过这个问题
一边嘟囔有了不就要吗
一边流露出一个
我从见过的表情
吃惊、害羞、茫然
瞬间组合在她青春的脸庞

岳父大人

我初次到女友的家乡
看到城外清澈的河流
当天就下河去游泳
因为我摘了眼镜

看不清楚
一直觉得旁边一个男人
长得像我女友
是刚刚拜见过的
岳父大人

中国空中调查报告

从呼伦贝尔大草原
飞往呼和浩特的航班上
坐满了时尚的乘客
我揣测他们是华裔
或者是香港澳门台湾人
后来我发现他们是深圳人
海拉尔度假后经停呼市飞深圳
我要报告的是
他们几乎家家都生了二胎
爸爸带一个
妈妈带一个
有时讲粤语
有时讲普通话
孩子个个干净漂亮
由内向外散发自信

青年近卫军

少年时看连环画
《青年近卫军》
印象最深的是
那个苏联女孩
不仅因为她漂亮
而且因为她知道自己漂亮

并且利用她的漂亮
为她的祖国战斗
而她真正的同志
是同年龄的男性同胞
作者似乎描述了
残暴如德军军官
有时也追随
美之下的一种秩序

胡杨树叶

我在库布齐沙漠
看到胡杨树新长出的叶子
像柳叶
再长的叶子
像杨树叶
最后的叶子
像枫叶
若非亲见
实难想象
却也像一个当代诗人
早期意象
中间前口语
晚近后口语
倒也蔚为大观

马群

我在草原泽处
看到一群自由自在的马
它们围成圆圆的一圈
马头冲里

屁股向外
我感觉它们在讲一个笑话

吃相

我见到最优美的吃相
就是草原上低头的牛
像上帝打翻了
一盘子音符

哑语

左右早早来到了咖啡店
在黑板上写下
长安诗歌节
欢迎诗人侯马
整场朗诵和交谈时间
他都沉浸在
他沉静的世界里
而当朱剑代读他的作品时
他一如既往
把脑袋凑过来
从始到终
我情不自禁
向他伸出过两次
大拇指
而他几乎是一个
不使用哑语的人

报仇

有一次我出命案现场
一个漂亮女人被砍死了
连同七十多岁的父亲和母亲
三具尸体
从客厅到楼道
我的一位同事
认出了死者
是他的高中同学
心高气傲
一直单身
我问他为什么当年
不追这个女人
同事回答还真有人
给他牵线
我们昼夜侦查
终于找到凶手
破门而入时
那家伙纵身
跳楼了
我问同事看见了吗
同事回答
四目一对
他松的手

阿尔山

离开阿尔山的
最后十分钟
我匆匆翻阅
宾馆房间里的
阿尔山植物图册
原来我妻子

使用多年的微信头像
名字叫作绣线菊

孝

我敏锐地发现
我的父亲不与我爷爷
也就是他父亲讲话
在我半大成人的时候
我问我父亲为什么
父亲回答
他厌恶
我爷爷为人自私刻薄
我并不满足父亲
这个道德层面的原因
在我看来
他也一定因为爷爷身份不好
给他人生带来的坎坷而心生埋怨
他也一定感到大学毕业生
与乡村知识分子的隔阂
更重要的是
他们不善于表达沮丧
羞于表达亲情
父子之间不讲话难道不常见吗
但我从不认为我的父亲不孝
他从不干涉爷爷
对我们兄弟六个的溺爱
从不干涉我们六个
崇拜这位倔强的老人

成吉思汗的燕子

在成吉思汗庙的大门横梁上
有许多燕子的泥巢
为此我特意去了内蒙古宾馆
因为它的大堂里有一块木牌
上面介绍了成吉思汗的来源
是因为天上飞来一只彩鸟
它的鸣叫声就是成吉思
成吉思
我看到泥巢有燕子进出
但更多的泥巢住了麻雀
我喜欢与穷亲戚来往的鸟儿
说不定这就是成吉思的含义

有鲜花的草原

从远处看
草原半绿半枯
走近了
才知道那一半是鲜花

警校

警校位于森林深处
高尔夫球场之畔
寥寥几排平房而已
我既已从警
便决定春节不回家
当时我的父母
正是我今日的年龄
年轻乎? 年老乎!
我在水房洗脸

不由哼起崔健的歌曲
那老先生
那老太太
咿呀
赶紧扭大龙头
冰水四溅
满脸皆是

车过黄河大桥

这段黄河还算清澈
天空洒下万里金晖
车辆驶上大桥的瞬间
我看到窗外一只孤鸟
也正在奋力飞向对岸
它在人类的渡河设施之畔
表现出相依相伴
强烈孤绝的渡河姿态

和我妈在家旅行系列

小安

夜里10点

夜里10点门还敞开
气温下降到十七度
蚊子不会飞进来了
我观察以后给我妈说
我想试过亲自飞的念头
飞到对门那棵银杏树巅
站立一阵肯定是可以的
（我妈说在随你呀，想飞）

你在看什么

我妈
问我干啥
那么忙碌
吃饭都在盯
我说看
她问
看向何处
看了些什么
就是看
又没用
看不到钱
没用也看
吃饭也没用

她说
还不如清清静静
坐着
我说
清清静静
听起来好
也没用处
你生下我没用
浑身都是刺
瞬间就衰老

我妈和妹妹们

我妈在厨房里
和我妹妹们
西一句北一句
说些儿女情话
所有的房间
厨房光线最好
远望似乎见得了
青山绿水海角天边

快到清明节吧

十点钟
起床了
我妈先起来
开了大门　窗户
她喊我五回
天气在下雨
吹风
阴沉

一分一秒地
接近清明

最短的诗

我怎样慢
走路
我的妈妈
她比我更
缓慢
老了就是
样样
超级缓慢
和矮小
五百米
我站停住
回头去
看她
七次
准确的数字
是六
我们走拢家
邻居女人
给门口的
铁树浇水
台阶上
也有水
鞋子上
也有水
心里也有
大水
第七次
我站在门外
和邻居女人

说话
感谢她
我妈妈也问
究竟
在哪里
花鸟市场

一天中午

中午
太阳大得不得了
我午睡
睡得浅显
梦到陌生人
来去不间断
我买菜做饭累坏腰杆
我妈梦到她自己
和以前的故人
坐在门前她说都滚远点
不要来找我

我妈妈呵呵大笑

我妈妈呵呵大笑
电视剧
让我妈妈哈哈大笑
她坐在电脑一米远的
凳子上我在厨房
暗暗观察我问她
想不想吃橘子想不想
喝一杯当归酒
如我那样

不啊　不　不想喝

我妈妈在运动

我妈妈在运动
她喊我去玩
另一个单杠
我不想动弹
我吸收阳光
守住青菜和五花肉
我妈妈出大汗了
她过来坐着
安静地看
非常安静
她的脑袋里在
想什么念头

体育场

体育场
我和妈妈安静地坐着
我想问她有没有
什么念头闪现
比如结婚的场景
小孩跑过去了
口里喊
嗨嗨嗨嗨嗨
有个婴儿
坐在婴儿车里
绝不快活
成年男子女子
消失在树荫后

此时出现一些
成年男子女子

把头发剪断烫卷

把头发剪断烫卷
之前我妈时时喊我梳头
多梳几下多梳几下
我梳了依然不顺利
今天她又喊我把头发
梳理　我有点恼火
它们卷起来是无法
梳理整齐的头发生下来
就凌乱不堪
要么我把它剪断清理干净

有月亮

有月亮
也是一件喜事
乘着月光
我妈喊我把刀磨了
你那什么刀
一把砍刀
刀口没开
我不想去我哄骗她
磨刀人已经
趁着月光走了

10点出去

10点出门
去市场
割些肉回来
红烧冬瓜
我妈吩咐
大葱也要买
下小雨
我妈害怕
跌倒　或
单纯害怕雨
她不出去
吩咐我
割1到2斤五花肉
我穿过体育场
市场在它背后
雨中的
景物
轻轻转移　或
轻轻移动
我向市场方向
移动
没几个人
几个人弯曲行走
远离我的位置

我和我妈采野菜

我和我妈采野菜
在西门子路103号
有一个烂草坪
野菜胡乱生长
我和我妈弯腰找野菜

任何时间你都能看见
我和我妈弯腰摘野菜
《手镯》
我妈一只手戴两个手镯
银子和石头
互相碰触
声音像
跑马帮的队伍里
马脖子上系的铃铛
半夜我听到在响

月朗星稀九章

陈先发

1

世事喧嚣
暴雨频来
但总有月朗星稀之时

在堆积杂物和空酒坛的
阳台上目击猎户座与人马座
之间古老又规律的空白颤动
算不算一件很幸福的事？
以前从不凝视空白
现在到了霜降时节
我终于有
能力逼迫这颤动同时发生在一个词
的内部，虽然我决意不再去寻找这个词

我不是孤松
不是丧家之人
我的内心尚未成为废墟
还不配与这月朗星稀深深依偎在一起

2

深夜在书房读书
我从浩瀚星空得到的温暖并
不比街角的煎饼摊更多
我一针一线再塑
的自我，并不比偶然闯到

地板上的这只小灰鼠更为明晰
文字喂育的一切如今愈加饥饿
拿什么去痛哭古人、留赠来者?

小灰鼠却步而行
我屏住呼吸让她觉得我是
一具木偶
我终将离去而她会发现我是
她亲手雕刻的一具旧木偶

我攻城拔寨获得的温暖并
不比茫然偶得的更多
四壁一动不动仿佛有什么在
其中屏住了呼吸
来自他者的温暖
越有限,越令人着迷
我写作是必须坐到这具必朽之身的对面

3

像枯枝充溢着语言之光
在那些,必然的形象里

细小的枯枝可扎成一束
被人抱着坐上出租车
回到夜间的公寓
拧亮孤儿般台灯
把它插在瓶子深处的清水中

有时在郊外
几朵梅花紧紧依附在大片大片
的枯枝上
灵异暗香由此而来

哪怕只是貌似在枯去
它的意义更加不可捉摸

昏暗走廊中有什么绊住了我
你的声音,还在那些枯枝里吗

4

如何把一首诗写得更温暖些
这真是个令人头疼的问题
旧照片中你的头发呈现
深秋榛树叶子的颜色
风中小湖动荡不息
疲倦作为一种礼物
我曾反复送给了你
三十余年徒留下力竭而鸣的痕迹
当代生活正在急剧冷却
你的美总是那么不合时宜

5

终有一日我们
知道空白是滚烫的
像我埋掉父亲的遗体后他
住过的那间大屋子空荡荡

八大山人结构中的空白够
大吗?是的,足以让整个世界裸泳
而他在其中只
画一条枯鱼

这空白对我的教诲由来已久

奇怪的是我的欲望依然茂盛

在一条枯鱼体内
如何随它游动呢

物哀，可能是所有诗人的母亲
终有一日我连这一点点物哀也
要彻底磨去
像夜里我关掉书房的灯
那极为衰减的天光
来到我对面的墙上

6

老理发师眼花耳聋，剪着
剪着几乎趴在了我肩上
他不停踩着旧转椅下的弹簧
这样的店本城只此一家
年轻一代一律学习韩国
敷粉之面过于色情

我不能看到什么就
写下什么
午后瓦脊上的鸟鸣也是种障碍

木窗外小水洼安静
枯荷是一种危险的语言
老理发师靠在椅子上睡着了
水洼上的空白是他的梦境

秋日短促，秋风拂面
我必须等着他醒来
等他把雪白的大围巾从
我脖子上取下来

我无处可去。我总不能得到什么
就献出什么

7

我常去翠微路一家名为
地狱面馆的小店吃点面条
酸菜牛肉风味最佳

这风味可能来自奈良？
这对小夫妻并未到过日本
可能来自失传的北宋？
我看见整整一代人即生即死

门口的麻雀，被扔进油锅的还
来不及褪去它在
轻雾中翻滚的笑脸
尚未被捕捉到的，在
灌木丛中叽叽喳喳叫着

我们吃光了大地上的黑麦、野芹
和鸢尾
我们只需半小时就煮烂一只羊头

但秋天并未因此空掉
新的生命产卵、破壳
新的写作者幻想着在语言中破壁

但破壁，又几乎是不可能的
合理的生活取自冷酷的生活
哪有什么可说的，连这碗汤也喝干吧

8

词，会成为人的长眠之地吗
一个词在句子中停顿
但下一个词中
的舌根有可能是冰凉的

发不出声音也好
缄默乃我辈天赋
把一个销声匿迹的人从
他写下的诗中挖掘出来也好——
人类所能出入的门如此之窄
据说正常视力在380至
780纳米的电磁波之间
正常听觉在20至
20000赫兹的频率之间
写作是这空白茫茫中针尖闪耀
我们只是在探索不成为盲者或
哑者的可能……

只有唯一性在薪火相传
如果某日我的一首诗被
另一人以我期盼的语调读出
我只能认为这是人类
有史以来最狭小也最炽烈的传奇

贴近一个写作者的渴望
旧我不再醒来
但体内的石头需要一次清理

这些石头如此耀眼
它们洞穿我时会换一个名字
在同一个位置上，那些曾
凌辱我的，或者
试图碎我如齑粉的……

一个词内在的灼热
像奇异音乐环绕我
枯叶的声音暖融融
新我何时到来？不知道。
因恐惧而长出翅膀是必然的
我脚底的轻霜在歌唱这致命的磨损

9

那些曾击穿我的
石头，成为我身体的一部分

石头埋掉裸体的死者比一个人
在土砾中烂掉然后一点点顺着
葡萄藤重新回到枝头更

怀抱理想的年轻人

唐欣

怀抱理想的年轻人

1982年　刚来工厂　他注意到
年轻人　都有点死气沉沉
其实他自己就不是什么
活跃分子　怎么办呢　异想
天开　给《光明日报》上书
要赋予青年以理想　他邀请
几位好朋友联署　没想到
有个家伙因为打架被抓了
信从拘留所退回到他的单位
车间主任问他　信里的"打响"
是什么意思　是想要上战场吗
说不清楚　领导看着文弱的傻瓜
忍住笑　回去干活吧　倒也好

他的妄想症　就这样被治愈了

他的师傅们

他在发电厂上班的时候
每天还是回到家里　吃晚餐
作为回报　他给父母讲述
身边师傅们的趣事　诸如
吃饭时的习惯　发言时的
用语　而老两口付诸一笑
都看作是天方夜谭　你呀
又胡说了　哪有这样夸张
天地良心　他可真没杜撰

他暗想　在油田这么多年
工程师的父母　对于工人
还是一点都不了解　而他
也没提　那些人开的玩笑
太粗俗了　但他们并不乏
智慧　有一位对他预言说
你　不会跟我们待太久的

多瑙河之波

多瑙河之波　他是在
一部罗马尼亚电影里
见识到的　反法西斯的
战争　倒是不太难理解
看不懂的是　船长抱起
妻子　我要把你扔到河里去
这是什么意思呢　就是那位
漂亮的女人　好像也搞不清
自己的心思　更别说还有
命运的航向了　而在岸上
遥远山区观望的少年　心里
似乎也荡起了　难言的波涛

大风

夏天他结了婚　小家庭
位于单位办公楼上的
单身宿舍　没有厨房
楼侧的一个露台归他
好不容易　搞来一套
液化气炉子　还有几个锅
偶尔会自己做点东西吃

凑合吧　可要是冬天来了
该怎么办呢　其实他想得
还是太远了　刚到秋天
有个晚上刮大风　早晨
他发现　他的锅已经全都
飞走了　问题彻底解决啦

1991年的青年教师

那会儿的党校真是宁静
就像一个假期永远不完
除了上午和老同学打打
羽毛球　别的时间都待在
宿舍里　可能大家　甚至
包括他自己　都以为他在
用功吧　其实他躺在床上
翻着武侠小说　下午偶尔
他会骑自行车去到附近
看一部外国电影　结束了
他站起身　偌大的剧场里
只有一个泪流满面的他
和一两位熟睡的老头儿

初冬的阳光

初冬上午10点钟左右
天气很好　图书馆东面
他和几个朋友　几乎每天
都站在那儿晒太阳　就像
靠在土墙根儿的老农民
他们都叼着烟　说着笑话
眼睛还瞟着路过的姑娘

如果闭上眼　无边的橙红
像燃烧的大火　都有一点
微醺了　是的　他的确看了
几本书　但竟误以为　只要他
愿意　这就足够去世界闯荡

爱竹子的人

竹子本来不生在北国
但可以生在北京　他的
楼下　就有一小片竹林
下雪了　这当然是好事
但是大雪把竹子压弯了
又让他心疼　拿了一根
木棍　去敲竹子上的雪
竹子挺直了腰杆　但他
自己脚下一滑　摔了一个
大跟头　以后　太阳出来
雪也化了　竹子也更绿
可他瘸了　真是怪滑稽的

油菜地

中午游荡时偶遇的
来自江西的养蜂人
借给他一本《人民文学》
看了三遍《八千岁》
喜欢上了作家汪曾祺
老表的帐篷立在宁夏
晚春的田野　这位老兄
告诉孤独看守发电机的
青年工人　无须捂着脑袋

跑过蜜蜂飞舞的油菜花地

去上海

高铁列车　是有点快的
到了济南　他才意识到
黄河已过　出了山东省
他才想起　没看见泰山
过了南京　他知道　又忘了
看眼长江　一杯茶只喝掉
一半　但他总算翻完
早逝的那位女记者的
剧评集《散场了》

看演出

多年前在西安人民剧院
父亲带他去看杂技演出
在大门口　刚掏出多余的
一张票　大群人就拥上来
争抢　几乎要把父亲挤倒
他的爸爸确实是太斯文了
帮不上忙　少年的他心里
暗想　父亲要是个解放军
该多好　但他也明白　那样
也就不是他的父亲了

送别

送别父亲　走在最前面

作为儿子　他捧着盛放
香灰的瓦罐　在大门口
他需要高举起来摔碎
永远的笨蛋　即使此刻
也不例外　任务是完成了
但香灰也洒在了他的头上
还有身上　他注意到姐姐
和妹妹的表情变化　他知道
如果父亲睁眼看到这一幕
多半也会露出　熟悉的微笑

青年读者

在麻省理工学院主楼前的
草坪上　矗立着一座雕塑
他瞥了一眼　就告诉女儿说
这是亨利·摩尔的作品　走进
细看　果不其然　其实他只是
在三十多年前　翻《外国文艺》
杂志　对这位英国人略有所知

望远镜

父亲从北京给他带回了
一架玩具望远镜　他挂在
脖子上　竟有了指挥官的
感觉　有天下午　在学校
外面干活的一个农民
给他发了一支香烟　然后
提出借他的望远镜玩玩
俨然已被大人接纳　颇感
得意　他痛快地答应了

结果　到了第二天　他发现
校外的工棚已经拆掉　而他
从此再也没有见过那个家伙

周末活动

诗人下了地铁　骑上单车
背着挎包　带着水杯　准时
出现在郊区的书店　和一群
读者围桌而坐　有一个传媒
大学的女生担纲主持　妇女
和儿童　还有小伙子　面带
微笑　轮流朗读着年鉴里的
口语诗　如果别的顾客经过
大概会以为　这是群教友吧
有位中学老师　当场写诗
赞道　真好　感觉就像绿茶
沁人心脾　还有淡淡的回甘

护身符

终于登上美国的航班
在夜色中　飞过亚洲的
群山和海洋　在空中喝着
一杯咖啡　并看到几乎
和他平行的　闪耀的朝阳
特意带了一册　钱穆先生的
《师友杂忆》　权当是华夏
文化的护身符　可是不小心
下飞机时　他给落到座上了

看下雨

喜欢看雨　享受看一场雨的
完整过程　站在窗前　沉浸在
雨声里　远方灰蒙蒙一片　后来
才慢慢清晰　比戏剧好看　意外
更多　也可能是现在北京的雨
下得太少　太不容易了　可惜
没有跟他一起　看下雨的闲人
只有几个理发店的伙计　蹲在
门槛下面　呆呆注视着　童年时
他就喜欢搬个小板凳坐在门口
看地上的水泡鼓起又熄灭　同样
他也喜欢看下雪　但下雪的时间
总是很长　他都要睡觉了　当然
早晨起床发现下雪了　也是惊喜
但他不喜欢刮风　尤其是刮土
那会儿他宁愿躲在房子里看书

我的守望者

阿吾

一小碗辣椒圈

大约十五分钟前
我打开冰箱
发现一包青辣椒
忘了吃
拿出来一看
已经坏了三分之一
本想丢掉
又有些不舍
便把好的挑出来
洗干净
切成半节手指大小的辣椒圈
热锅、倒油、煎炒
正好看见一瓣蒜

切成薄片
让它作调料的调料
炒熟之后
装进一只玻璃碗
加入适量酱油
一份辣椒圈
就这么做成了
我感叹的是
我做梦也不会想到
我晚饭后会平生头一回
做这么一道菜
在我无聊的生活中
它纯属偶然
还是有那么一点儿必然

咖啡冷得真快

在写上面这首诗之前
我用烧开的水
泡了一大杯咖啡
多少相当于
星巴克的中杯
写完后
我喝一大口
咖啡已成温吞水
经上网查询
此时此刻
惠州二十六摄氏度
阴天、西风一级
天气质量良
我一直守在它的旁边
还是上演了一出
西式的
人不走茶也凉

我刚刚尝了尝辣椒圈的味道

曾经听一位厨师说
高手做菜
中间从来不尝
我只能算个假厨子
平常做菜
总是控制不住
反复去尝菜的咸淡
今晚怪啦
做一道酱油辣椒圈
可谓一气呵成
中间没尝
做好了也没尝

刚刚尝了尝
味道好极了
与我喝的雀巢咖啡
有得一比

我的守望者

在我的卧室
一直放着一本
塞林格著
施咸荣译
黄色封皮的小说
《麦田里的守望者》
在这个感恩的夜晚
我相信
我也有一位守望者
每时每刻
他都跟我如影随形
保护我
在人群之中
像一个专业的足球运动员
带着自己的兴趣爱好
左冲右突
避开一个又一个邪恶之人
获得多次射门的机会
幸运地进了一个球

多数中国诗人的逻辑循环

从古诗背诵者
到诗歌爱好者
再到专业作者

戏称诗人
十年后
又从诗人
退回到诗歌旁观者
再到诗歌陌路人
诗歌的仇人
最后沦为诗歌的敌人

醒前梦见许多麻雀

依稀记得
儿子要我捉一只麻雀
我路过一片小竹林
看见几只麻雀在地上跳
几只麻雀在低空飞
它们全都不躲避我
我手里拿着又像棍子
又像绳子的东西
追打他们
先追地上跳的
然后再追低空飞的
可是我始终没有打着它们
每次就差那么一点点
一声微信把我唤醒
此时早晨七点零二分

戴公解梦

今天休息
还想多睡一会儿
尿意逼我起床
坐在马桶上

用手机查阅解梦
原来麻雀在梦里
代表小人
多数有关麻雀的梦
寓意都不好
梦见打死一只麻雀
预示做梦的人
会犯严重错误
甚至遭遇失败
唯独梦见很多麻雀
预示大吉大利
做梦的人事业成功
但需低调做人
高调做事

戴公继续解梦

为什么我在梦里
手里拿着一根
又像棍子又像绳子的东西
追打麻雀
东方人以为
梦里棍子代表地位
绳子象征生命力
这个细节说明
我需要两方面的保障
事业才可能顺利
弗洛伊德以为
棍子和绳子
都是男人的性器官
像棍子说明我当时晨勃
像绳子说明
我只要上一趟厕所
又将疲软如初

下午从哪里开始

下午
不一定从太阳的位置开始
每个人的下午都不一样
今天的我
重复了一次昨天的故事
昨天并没有重复前天
十二点半
突然一阵困意袭来
我倒头便睡
在睡眠中进入下午
又是一声微信把我唤醒
我感觉饿极了
好在睡前用电饭锅做了米饭
菜是现成的
按照约定俗成的说法
我的这个下午
从午餐开始
这种反规则的事情
很容易发生在我身上

我又喝上苦苦的咖啡

吃午餐时
我用电水壶烧水
泡了一杯纯醇的咖啡
写诗的时候享用
不加奶
不加糖
也不画什么图案
苦苦的味道
正合我看似聪明
实则笨拙的人生

好在它是我自己早年的选择
至今也没什么怨气

其实我是一个自卑的人

感恩我的父母
给我无条件的爱
对我的鼓励和责罚
父亲八十岁时
第一次对我说
钢二娃，你太骄傲啦
其实我有过很多自卑
我曾经为家庭成分自卑
我曾经为出生地自卑
我曾经为身高自卑
我曾经为牙不整齐自卑
我曾经为发音不准自卑
我曾经为朋友少自卑
我曾经为笨手笨脚自卑
经老父亲这么一说
我才明白自己活脱脱
一个自卑导致自傲的病例

风中消瘦

李少君

风中消瘦

关于风中消瘦，你会有怎样的想象？

风中消瘦，人在风中
会变得轻飘，感觉自己消瘦了一些
你看那些风中行走的女子
飘飘欲仙，谁都会觉得她们体态轻盈
自我感觉也苗条纤细，身轻如燕

风中消瘦，风本身会使人消瘦
古典的书生总是一身寒瘦
长袖飘逸，长发飘扬，仿佛风中的男主角
而在现代，一位中年男站在风中呼号：
秋风啊!吹掉我这一身肥腻的中产阶级的肉吧

风中消瘦，还有自虐的快感
少年总是倾向于自我谴责
内心的阴森，莫名的邪恶冲动
让他恨不得在风中彻底消灭殆尽
修长的形象，是每一个好幻想的少年的理想

风，你还是留给少女们一点空想吧
让她们觉得自己可以永远那么美，那么青春
那么不切实际地以为自己是世界的中心
一切会围绕她们旋转，被春风包围着拥戴着

西山暮色

久居西山，心底渐有风云
傍晚我们要下山时，他还不肯走
说要守住这一山暮色

他端坐寺庙前，仿佛一个守庙人
他黝黑朴实的面孔，也适宜这一角色
他目送我们，也目送一个清静时代的远去

夜晚的放风时刻

白天，加沙的整个天空都成了禁区
直升机嗡嗡盘旋巡查在城市上空
俯视和监管着每一个街区的每一个角落

只有到了深夜，风筝才获得了自由
于是，城市里每一夜都出现奇特的一幕
成千上万的人在大街上放风筝
他们追逐，他们奔跑，他们欢呼
终于把一种内心的自由放上了天空

鼓浪屿的琴声

仿佛置于大海之中天地之间的一架钢琴
清风海浪每天都弹奏你
流淌出世界上最动人的旋律

这演奏里满是一丝丝的情意
挑动着每一个路过的浪子的心弦
让他们魂飞魄外，泪流满面

确实，你是人间最美妙的一曲琴音
你的最奇异之处
就是唤起每一个偶尔路过的浪子
不由自主地回想起一生中最美妙的经历

然后，他们的心弦浪花一样绽开
在这个他们意想不到的时刻和异乡

风暴欲来

海色苍茫，风暴即将来临
最后一班轮渡正鸣响汽笛
而我，还没收拾好行李
还沉迷于岛上的幽深角落和旧楼台

风暴前的街道何其宁静
游人稀少，腾空了一切做好准备
等候着风暴、海浪和潮汐的正面搏击

我多么希望我的诗歌里啊
也蕴蓄着这种内敛的宁静的力量

自述

在古代，我应该是一只鹰
在河西走廊的上空逡巡

后来，坐化为麦积山上的一尊佛像
浓荫之下守护李杜诗意地和一方祖庭

当代，我幻变为一只海鸥
踩着绿波踏着碧浪，出没于海天一色

但我自由不羁的灵魂里
始终回荡着来自西域的野性的风暴

西湖，你好

风送荷香，构成一个安逸的院落
紫薇、玉兰、香樟、银杏、梧桐
还有莺语藏在柳浪声中
正适合，散步一样的韵味和韵脚

正当沉浸于苏堤暮晚的寂静之时
我和对面飞来的野禽相见一惊
相互打了一个照面，它就闪了
松鼠闻声亦迅速蹿进了松林萱草里

还有十几只禽鸟出没于不远的草地
它们已将西湖当成了家园
分成好几个团伙各自觅食活动
我一过去，它们就四散而逃
只剩下一只长尾山雀大摇大摆地漫步
池塘边的鹭鸶和我皆好不惘然

所以，近来我有着一个迫切的愿望
希望尽快认识这里所有的花草鸟兽
可以一一喊出它们的名字
然后，每次见到就对它们说：你好

西部的旧公路

从高速疾驰而来的东部人
难以适应这里的荒芜和慢节奏

夕阳西下，人烟稀疏
公路前头慢吞吞行走的牛群
它们从不理睬你的喇叭和喊叫
任你费尽力气吆喝驱赶也不让路

这些牲畜们就是要用这种态度告诉你：
它们才是这里真正的主人！

海岛之夜

常想起那个夜晚
天上有星光，海上有渔火
你坐在椰树下，吹着海风

微明的天光照着你有些黝黑的脸庞
而你年轻丰满的身体
比早熟的芒果更芳香诱人

这就是我关于那个海岛的印象
后来你离去，美丽的海岛也渐渐消失
只有一只小夜曲还在悠悠缭绕
久而久之回旋沉淀为我心头的一座小岛

当我在世界各地行走……

我到过东欧小城郊外的葡萄园
草木静寂，没有任何人来欢迎我们
一条小狗一只小猫都没有
但我们仍欣欣然，在枝叶间一路游荡

我还到过德黑兰市中心的公园里

穆斯林在草地上铺开地毯，合围而坐
青年男女赤脚伸进沟渠冰凉的水里
他们的快乐，不只是表面上的

我也到过新泽西附近的茂密森林里
公路旁停留时，我看见一头鹿迅疾离去
但当地人告诉我，隐秘的不远处
也许有一只狼正冷眼盯着我

我每走到一处，总有声音提醒我：
下车时请带好你的贵重物品
我想了一下，我最贵重的
只有我自己，和我的一颗心

心与意

1

我们总是迷恋着现代的晕眩感
又深深依恋着故乡的宁静

2

一排排波浪发出邀请
一行行海鸥踏浪而来

3

夏夜的蛙鸣，秋夜的蟋蟀
都曾是我这个旅人失眠时唯一的伴侣

4

泪水，都是一样珍贵的

没有什么大小、轻重、价值高低之别

5

在大朵的白云辉映下
春天里一颗失魂落魄的心

6

路上，一个孩子和一条狗对峙
都在犹豫着应该往前还是后退
最后，它从侧路绕道而行

7

酒，像火苗，舔了一下我的心
随后，火焰一样腾地跳了起来

8

一小滴蜜，诱惑不了这饕餮之徒
小剂量的毒，伤害不了这庞然大物

9

墙外袭来的芬芳
侵入宫廷的每一个角落
宪兵也禁止不了

10

好男孩的下场
就是会为一个坏女孩神魂颠倒

他们双目一对
就像火星撞地球

11

月光下欲望全无
成了真正的清心寡欲之人

12

老人们的快乐都来自电视
老人们只剩下看电视的快乐

13

风的推进，云的滚动
在雷鸣电闪的威逼下
整个华北即将沦陷为暴雨的占领区

14

青春的抑郁是一桩无头案
最后的妩媚，不是口红
就是一场大肆渲染的朝霞事故

15

这个城市也许过于贫乏无味
所以把每一条道路弄得曲里拐弯
好像里面藏着什么幽奥深邃的秘密

16

霜之重，一夜之间覆盖整个国度
霜之轻，只落入一个小女子的心中

17

人生的命运，由几把钥匙决定

打开一扇门，再关上另一扇门
或者，从一扇门通向另一扇门

18

白云啊，路上到处都有
每一座岭上都漂浮着几朵

19

小时候过马路，我紧紧抓住妈妈的手
生怕被抛弃和丢失

长大了，妈妈紧紧抓住我的胳膊
格外地信赖和依恋成年的儿子

20

他脸上的寂寞
加重着堆砌如山的书斋的荒凉

21

她一生孩子，多年的焦虑感迅速消失
只剩下所有刚做母亲的那种幸福与得意
连说话，也温柔甜蜜了许多

22

山顶上的十字架
宣布此地为上帝的领地

23

孤独，随时随地都可能发生
失神，则只可能发生在中年以后

24

在都市里
那么多的爱情，找不到房子
那么多的房子里，没有爱情

25

大海每天都吃掉那么多垃圾
没办法消化，只好在清晨再吐出来

26

现实正在直播
生活却在别处
这就是二十一世纪呈现的日常景观

快速浏览

非亚

月亮

月亮悬在我的窗口

嘿，老哥们

脱口而出的瞬间我发现应该叫她女士

或者老娘们

你好啊

老娘

们

我抬头看着对面屋顶上这颗发光的球体

猜想她最近遇到什么心事

有什么烦恼和不开心的

事情

想找个人倾诉

渴望在街头遇到一个熟人

抓住他说个不停

今天我独自一人，从遥远的南方

来到这个城市生活

台风已经远去

我的上班在慢慢走向正常

傍晚，我从楼道上来

掏出钥匙开门

房间黑暗

没有一个人

孤独是由四面墙壁和天花地板围合起来的空间

鞋子在其中，碗碟、家具、桌子

挂在铁杆上的衣服都在其中

我放下背包

走到窗口，拉开

窗扇

在每日儿乎重复的生活
和一株仁立在我房间外的树木中
哦亲爱的老娘们
你又准时
安静地
悬挂在我阳台的窗口

自传。兼给波拉尼奥

他属于某个诗歌社团的人物
从事过建筑师
旅行过亚洲、非洲、北美洲和欧洲
喜欢过一些人
但也被另一些人厌恶
大部分时间，出没于一座亚热带城市
流连于街头、咖啡馆和酒吧
欣赏孤独
也体察瓶子里的死亡
在无穷无尽的宇宙，以及苍茫的夜空
他知道自己
细微得如同一颗滚落地面
没有名字的尘埃

诗

诗并不是一位医生
能够解救你
也不是急诊科护士，给你枯萎的心灵打上一针
他最多只是坐在街头咖啡馆的一个顾客
一个人喝着自己点的饮料
这个下午，如果没有别的事情可干
诗就打算自己慢慢步行回家

在五点半之后做一顿饭
如果运气好，你将有可能在拐角撞到他
在听到你的一番诉说后他微笑着
拍拍你的肩膀
"哦，老弟，别担心，河床里有鹅卵石的地
　　方，就是有鱼和诗的地方"
"放松点，像一只鸟滚到天空"
分手前他再次向我交代。而我好像抓住了
黑暗中他递过来的一条棍子
和绳索

孤独

我把自己的孤独写完了就去写一棵树的孤独
把一棵树的孤独写完了就去写
一只蚂蚁的孤独
但蚂蚁其实是一种集体动物
然后我放弃了改去写一只鸟的孤独
或一只猫的孤独，但这些都过于普通
然后我转过身，去写深海中一头鲸鱼的孤
　　独，或草原上一头狮子的孤独
但这些其实都不太有趣
要么体型过于庞大，要么又过于凶残
然后我，改去写一只盒子一个插头一根电线
　　杆一支铅笔的孤独
最后我发现这些物品显得过于疏离，缺乏生
　　命感、认同感
然后我绕回来
再次写到自己作为人，作为一个在房间里
寻找不到回音
被灯光把自己的影子投射到墙壁，一个人
玩着一只小球时的那种孤独

拥抱

我妈妈去了梧州妹妹那里
我儿子上个月去了北京读大学

我一个人来到上海，盛夏之后的一个月
我妻子坐绿皮火车和我汇合

我们租了一室一厅的老公房
在离黄浦江不算太远的单位小区

我们的衣柜放着我们带来的衣服
我们之前的每一个梦
整整齐齐叠放着

我们有时和儿子视频
和妈妈视频
而妹妹在旁边笑着说妈妈越来越像外婆

时间哦。空间哦。一条看不见的细线穿过针孔
缝着我们衣领上的一枚纽扣和思念

以前曾经出现在柳园路，新兴村和凌铁大桥
　　的月亮
现在出现在局门路的夜空

哦台风带来的雨，淅淅沥沥
虚空中张开手臂
正渴望拥抱彼此的身体

杯子

你握着一只
杯子

你把一种透明
物质

靠近你的
嘴唇

你吞咽
用舌
头
回味

口腔里的
那种甘
甜

这个动作
不为人
知

轻轻地

在完成之后
你再次把
杯子

放在桌面

又一次
你和这个身外
之物

有了短暂的
分离

手提袋

手提袋里有时会装一条鱼，它的腹部已经被
　　切开
眼睛因为鱼鳃被挖去，痛苦而可怕地
突了出来

拎着这只袋子的男人
缓慢走过午后喧嚣的菜市场
他提着装有一条鱼的红色手提袋
心满意足
返回他居住的小区

在他傍晚的厨房，油、盐、酱、醋
以及灶台上的火苗、碟子
砧板和刀具
构成这一户人家忙碌和温馨的一幕

而手提袋里的血水
腥臭
会在最后，被龙头的清水冲洗干净

极其简单的生活

早上看看太阳旋转到了哪里
晚上推开窗
看看月亮挂在哪个位置
不确定屋檐上看到的星星
还是不是昨晚那一颗
关上窗，返回房间
在滚上床睡觉之前对自己说最好做个好梦
梦见和自己喜欢的朋友待在酒吧
连干三杯
在户外的草地，撞见一只笨狗

有空就钓钓鱼
写写东西
见见菜市场陌生的面孔
逝去的日子就像眼前这条河
鸟拉下的屎，又一次
掉落在我的挡风玻璃和车前盖板

雨

"雨会伤害我们吗？"
"哦，雨并不会伤害我们"

雨分大雨。中雨。和小雨。还有一些雨的颗
　　粒更加微小
它们落在脸上
几乎就像羽毛的抚摸和亲吻

"雨会伤害我们吗？"
"哦，雨并不会伤害我们，但会淋湿"

"并且会让我们自省的头发，一根一根
贴着冰凉的额头"

凌晨醒来

上帝让我在凌晨四点钟醒过来。没有答案，
不为什么
只是让我独自一个人醒过来
没有人一起，去分享，吞食这种孤独的时
　　刻，无法言语的时刻
而在那样的时刻，在周围的黑暗又一次覆盖
　　我的时刻

除了再次，拉紧盖在肉体的被子
我唯一能做的，就是再次
想到你

生活在继续

生活在继续，无论它是上一个斜坡
还是面临一个巨大球场的虚空

它需要不停地滚动一只铁环
用一根铁棍
在一个水平面上连续

看哦，乌云正密布在天空
大雨就要赶过来撕裂这个沉闷的下午

我们无知的生命，犹如泥土里的一只软体爬虫
全然不知响雷，即将愤怒地滚过天边

那床头发皱的衣服，那颗碟子里的勇敢的心
用四肢赞美它的无畏吧

言词撞击着混凝土的墙壁
渴望一次又一次洞穿一块两厘米厚的木板

在我们一起经历， 一起目睹它变幻不定的人世
虚空的铁盒，装着我们冰凉的眼球

也装着矛盾，犹豫，反复
无法放置平稳而不断自毒的一对玻璃小球

子夜的一颗星

子夜有一
颗星
从夜空深处向我走来，它大声地
在闪烁的群星中
呼喊我的名字，问我准备去哪
有什么打算
会不会驾驶一艘飞船，去往自己心仪的岛屿
在一个有摩天楼、轮船，和玻璃镜片闪耀的
城市耕种理想
我在一个人的房间，在陷入
某种沉思的时刻，或者在独自行走时
被它的叫声突然唤醒
我扭过头，望向
灿烂的夜空
大声地回应着它的呼喊，大声地对着它说
是啊，我要一个人，带着靴子、背包
和跳动的心
去往黑暗中被群星照亮的山谷

一条新路

河边的公园有一条新路

它由曲线
芦苇、栏杆
以及灰色地砖
构成

我从堤岸下来
在靠近黄昏的时刻
快步走下
斜坡

这条路并不昭示什么
仅仅只是一条路
但对于我
却意味着空白
新奇

掠过空中的黑鸟
随便乱开的花
潜行在水里的一条鱼
还有泥土上爬行的硬壳虫
并不知道这条路
被称为一条路
并一直通向
远处

太阳在大桥的前方
照耀着这个世界
这条新路
如此虚空、安静
在接近傍晚的时分
它接纳了河面上的风
也接纳了一位陌生的闯入者

白色的小球

我手里有一只球
很小
白色，可以放入口袋

当我出门，这只球
被我随身带上
在地铁
它和我一起

越过了安检那道门

有时当我感到事情的无趣
无聊，一群人围着
两只斗鸡，在街头花园
起哄
我会从那里走开
去往别处

我从不担心自己不够快乐的问题
我带着这只神奇的小球
到处乱走
有时会把手伸入口袋
有时掏出来，把那只小球
扔向前面的一块草地，或者蹲下来
在水泥地上
拍击

如果你需要，这只白色的
小球，我
可以送给你

钓鱼

——致张羞

老朋友，你每天的微信我都会看
你写诗的手法花样繁多，语言常常出其不意
我从未把你，看作一个废话诗人
语言它从来
就是每天被我们使用的一种有用的东西
至于意义，那纯属偶然
天意
就像你今天钓到的一条鱼
（它直挺挺在那里）

那就是诗，或者生活的成果。至于我

在诗的面前，越来越谨慎、胆怯

就像放弃了以往的雄辩

今天我，感觉到特别疲倦、虚脱

那该死的悬在高空

痛揍老鼠的太阳，让我在生命和时间的流逝

　中几乎又一次

晕了头

花瓶

我把泥土

捏成

一

种

思念的

形状

把思念捏成

一只

花瓶的

形状

把花瓶捏成

一根

优美的

曲线

的

形状

然后松开

手

砰的一声

这只花

瓶

会从半空中

径直落到

地

面

快速浏览

10岁时目睹公路上的一宗车祸

一个掉落自行车后座，被卡车

碾压致死的男孩

20岁的时候思考我是谁，我到底来自哪里

在深夜宿舍的床铺

思考有关生与死的哲学问题

30岁，意识到死亡是身边的事物，是一只蜗牛

黑夜，沉睡，与轮回的一条河流

40岁，感觉到死亡有一种重量

在人群中戴着盔甲

拿着一把剪刀

穿行

50岁，到了生命的中期，经历过父亲与其他

　亲人的离去

感觉到现实如同梦境，打开的房间

全是熟悉的面孔

60岁仍在以后，但可以想象

退休后怎么披着一件大衣去领一份社保

70岁大概当上爷爷，做一个有风度的长者

还是一个邋遢的老头

有一些人已经离我远去，爱犹如晚霞

绚丽而璀璨

80岁，怀念一个早年的好友

他在另一个城市如同孤独的一颗恒星

偶尔电话，除了问候
就别无其他
90岁，如果还存在于人世
大概会用一支笔，在床上
狠狠地临摹死亡
愤怒的时候就砸它一个烂苹果
并且请它滚蛋
想到早晚经历的这一幕，我微微笑着
又度过了电风扇一直转动的
一天

在飞鸟酒吧

在飞鸟酒吧
我坐在靠窗口的一个角落
入口的墙壁上
挂着柏林墙倒塌时发黄的报纸
一个巨大的头像
张贴在吧台对面的墙壁上
而我每天
都会来到这里
要一壶茶
或者一杯质地上好的啤酒
早年一起写诗的哥们
有些渺无踪迹
另一些已经死去
还有一些早已改弦易辙
一个穿白色上衣的服务生
在大厅里忙碌
拿着菜单给客人点菜
我的一个老朋友
偶尔会来酒吧找我
我们坐在街边的一个位置
一人点一杯饮料

聊些开心的事
他手里夹着一根骆驼牌香烟
用力吸一口之后
又笑着跟我
说话
我们忘了太阳是怎么从围墙那边转移过大街
　　上空的
云朵又依靠什么
隐藏到了一株高大树木的后面
到了临近傍晚的时分
他起身向我告别
我从椅子上站起来
和他握手
拜拜
我知道夜色
很快将降落到肩膀
路灯一盏一盏
将会照亮这条安静的街道

肉体

我应该还年轻
而肉体却在
衰老

我幻想着自己仍然十八
而肉体开始奔
向六十

我的心灵停留在婴儿的新鲜时刻
而肉体那层皮
会喷涌出老年斑

像两个巨大的白色箭头

肉体转向左，而我的精神
正向右

多美妙的一对情侣
手拉手的双胞胎，彼此搂紧了彼此
又让上嘴唇咬住
下嘴唇

也有过鲜艳的时刻，大汗淋漓的时刻，肉体
在床单上翻滚的时刻

哦，探测器飞到了月亮的背面
加速器正加速着山河的自转

在一面永恒铜镜面前
肉体就是虚无，就是四散的臭气，和一吨的
　　二氧化碳

我赤裸着头发
凌乱地，又一次从梦中醒来
太阳拎着一只火球，又一次在地平线上发狂
　　飞升

我看到一个焦急的女人在梧桐树下打电话
寻找街对面
同样打电话并焦急走过来的另一个人

傍晚的房间，在水龙头下
我清洗袋子里的鱼
用保鲜袋分成几份放到冰箱的冷藏柜
连同牛肉猪肉一起
成为我最近一周的食材
我打算用不同的方法去好好烹饪

我的妻子最近回了一趟南方
暂时还没回到这个城市，只有我一个人待在
　　房间
除了音乐
一整个晚上都不会有人和我说话
鱼的嘴早已经闭上，血水已经冲到下水道
厨房收拾干净
虽然窗户洞开，在头顶两盏吸顶灯的照射下
我仍然感到了莫名的沉默
与悲伤

去菜市场买鱼

我购买了两条活鱼和一条已经死去并且冻僵
　　的带鱼
我让那个小伙子清理完把大的那条活鱼
一分为二

穿过红绿灯路口
拉着一个用于购物的小拖车
没有人知道绿色的拖车里装了什么
在夜幕开始降临的人行道

破壁术

张维

破壁术

九点一刻
一声枭鸣临窗而过
我知道
我的灵魂出去了

它将在大地上飞行很远
它将加浓乡村的夜色
它将向人间传递不幸的消息

可我的心还在屋内
它正在灰室的高压下晶化
它将潜行到大地的中心
成为黑暗的眼睛

把深埋的苦难和半空的冤魂
引向净土的星辰

现在它正等待灵魂归来
现在寂静水一样透明
现在即新生

无论如何

我仍活着
一群蚂蚁啃噬骨盆
夜深人静时
疼痛炭火般旺盛

不由自主的呻吟
好像不是我发出的声音
上帝
你在哪儿啊?
我心肺的啸叫是你在鼓动?
谁在颤抖和战栗你还是我?

无论如何上帝
请扶我度过世纪的今夜

贪生怕死的烈士

我是一个热闹的人
身体健壮的时候
喜欢在码头与山头之间奔走
潦草地翻阅身处的地理
一知半解地试图理解
地上的奇谈怪论以及胡说八道
越听越迷茫有时好像明白些什么
再一想是深渊般的糊涂

现在我挂着拐生活
静观的时候多了起来
尽管行动不便
甚至常有疼痛难挨的时光
但每有遇上故人
久别归来的亲人
想起莽撞经历的人与事
抑或喝上一口对味的老酒
会有一种深深的喜悦涌出来
饱满澄明有时溢出眼眶
那一瞬间的完美
便觉得一切已经实现
通明却无言言说

只觉是天晴月圆死而无憾
但其实是更贪生怕死了

现在我就这样
残缺又丰盈
宽厚又尖锐
贪生怕死却又是
随时可以舍身的烈士

白鹭前身

我已经多活了十年
我把疼痛当丹药修炼
把拐杖去博物馆美术馆
当作学步和看图识字
在故乡苏北平原打滚
重游了卤丁湖
长江、望虞湖,醒在尚湖边
我不是地主的孙子
我不是右派的儿子
你们在我后面指指点点
我不曾看见也不曾听见
我也不敢去商海里游泳
我白白净净
像尚湖里的白鲗鱼
只过美和美味的生活
想起过往不禁打了个寒战
那是别人的经历
那不是我
我还是个儿童
我今年十岁
明年才步入少年

一只白鹭

从醒来的眼睛里飞入尚湖
仿佛遇见了前身

三亿人失眠

蒋雪峰

三亿人失眠

据说祖国
有三亿人失眠
这地球上的羊
怎么够他们数
作为其中一员
我琢磨着
把自己那群羊
让出来

中秋月

明天中秋节
朋友圈的诗人们
热火朝天
赶制月饼似的
忙着写月亮
圆滚滚
肉嘟嘟
白花花的一片
如果明晚
月亮没了踪影
那准是
被吓回去了
就是出来

也是
鬼鬼祟祟的

二战纪录片

航母舰队上空
掠过轰炸机群
浩浩荡荡
　"我们的飞机
胜利　胜利"
水兵们站在甲板
仰头欢呼
一个水兵
不慎摔进大海
战争还有800海里
风平浪静
舰队按照既定航速
前进
那个摔进大海的水兵
跟在后面游

北极的晚年

还有一把力气
就在河湾处
用斧头
建一个木屋
捕鱼　打猎　抽莫合烟
准备过冬的肉食
还得挖个酒窖
医院在200公里外
得少喝点

自己烤面包
给自己道晚安
如果有爱人
也在1000公里外
偶尔打来电话
问还活着不
屋里还有些闲书
没有一本
讲人生的意义
每天用墨水
给自己写封信
嘘寒问暖
墨水冻得快
信就写得短
白天拉着爬犁
到镇上买子弹
到教堂祷告
深夜在木屋醒来
记不清自己
活了多大岁数
就坐在台阶上
发呆　看北极光
旁边卧着一条
老狗

哭

两个哭得惊天动地的女人
被另外两个红眼圈女人
搀扶着　连体人般上了公交车
在车上两个号啕的女人
倒在另两个女人怀里
继续哭浑身打战:
　"我的妈耶　我的妈耶

您扔下我们走了
我们咋个办喔"
满车的人大气不出
配合着这丧母之痛
我下车的时候
四个女人有说有笑
商量中午在哪吃饭

削玻璃

李岩

从沙尘暴干涩的眼眶溢出桃花赤裸的脸色

十三棵桃树在斜坡上夺眶而出
一个瘸子倒着走数数，为十三个攥住笑容
军训的女生点名。二月的蹄子
迎面擂着一面绷紧的小鼓。从早春
干涩的眼眶溢出十三只明眸这波光潋滟的眼神

——这天堂并非人间
这人间也并非天堂
天堂在人间只是瞬间微微一晃
这天堂在世界赤裸的面颊上轻轻打闪

皮肤最紧张敏感的是垂柳
最赤条条一丝不挂不知羞耻的也是垂柳
季节的心灌进世界的五脏六肺
最心急的是桃树。其次才轮到
交通岗干瞪眼的绿灯在初春的脑门亮了

在风尘的城市。罩子的城市。昏暗的城市。
最潇洒的是长发披肩的垂柳。是当街
临风跳脱衣舞的垂柳
最激动的胸前是桃花以弱对强的颤抖
最垂头丧气的是倒掉金钟在花盆里足不出户
最落伍的是KTV门口孤零零的招牌使尽浑身
解数
为金钱晃荡的梦游症招魂，但无济于事

季节耸起的心从内向外
逼得十三棵桃花用通红的脸颊走投无路

季节的瘙痒症咯吱着垂柳扬起绿发当街狂舞
只有瞬间不能重复的美才能在行人脚底打滑
一个趔趄。只有交通岗的红灯
卡在沙尘暴的嗓子眼，为桃红
赤裸的脸色不由自主地"铿铿"干咳

削玻璃

削玻璃——这是不可能的
削玻璃——这是不可能的可能。
削苹果，削梨，削土豆，削木头
玻璃如何削？
如何削掉玻璃透明的皮肤？
——它只能切割。
但我们削玻璃。
这是不可能的可能。因为不可能，才可能。
但是我们削。
像削苹果一样削，像削梨一样削，
像削土豆一样削，像削木头一样削。
像龇牙咧嘴的小工头，克扣工钱一样削。
像小学生削铅笔那样削，削了再削。
我们不断削，我们不停削，
我们像削玻璃一样削。
但不用刀具削，用心削，用手削，
用感觉去削。用灵魂去削。
正因为不能削，我们才要削。
我们削玻璃，我们削。
我们在它透明的土地上刨，挖，掘，抠。
在边棱上用劲削。咬紧牙关，用疼削。

铸铁——冬天只剩下骨头的冷

在冬天你要抓紧
在小寒凛冽的大气中
用冰雪敲击出刚强的诗篇

在冬天你要抓紧在
小寒凛冽的大气中，锤击内心

在一年也许只有一次的冰天雪地中
坚持步行，坚持骑自行车，原谅说谎者
和在舌尖上打滑的牛皮大王

拒绝哥俩好，拒绝与世界勾肩搭背
冷就冷
是冷，使风景透明
是冷，让生命炭火幽蓝
在映得通红的内心铸铁

在冬天你要抓紧，写出刚强的音节
用冰雪擦洗旧作，让标点符号适得其所
你要珍惜这刺穿笔画的冷

在零下24℃
沿着咯吱的冰雪小径
我一路小跑，回到语文

让语文在事物内部保持矜持让语文
保持冰雪的额头
让语文秉持水晶的笔画保持度量衡
让语文保持傲视的特性

在寒冷的挤压中
让语文，成为语文之外的另一个
坚实的存在

它吸收了寒冷
但比寒冷坚贞
让语文在冬天也昂着头

佳节

李郁葱

正月初二

猪、羊、鸡、鸭、鱼……它们在桌上
有被赋予了的意义，将抵达共同的梦境
当它们在驯服中无声无息，我知道
物尽其用。但这是正确的打开方式吗？

因此回到我们曾经住过的地方①
朱颜未改，乡音犹在，突然蹿出来的童年
一面镜子可以照见我们的归途
或者是开枝散叶的去处。你悠闲于

屏幕里的惊涛骇浪，而内心的平静
在这样一个时日，无数波浪之间的低谷
让你躯体里的那个孩子发音，

他统治于这一天：混沌②，午时的祝福里

仿佛左邻右舍，一件礼物递出
以便于确定我们的位置，在众人之间
我们丈量到自己在世界的定位
没有太近，也不能太远，就像房门虚掩

光能够露出它和黑暗的争吵
模糊的氤氲，而黑暗勾勒了我们的
钝滞：被那些虚荣的事物所敷衍
门窗外，犬吠渐入人影。

注：①正月初二有女儿回娘家的风俗。
②混沌，与"馄饨"同音。民间初二有吃馄
饨的风俗。

正月初四及空白之日

石头里有紧闭着寻找绽放的花？
蜜蜂在盘旋中能寻觅春的气息？
风吹过的书页，有着海般的浩瀚？
我读到的命运，在睡眠的深度里？
这一天没有特殊的意义，我整理书房
他们的经验和我有关吗？
关于这一天，没有别人的解释
所以它是我的，我喜欢在平淡的空白中
写下这微小的颤动，残存的
没有那么拥挤的日子，嗅到
樟木的清香，从夜色和尺蠖的距离间

正月初七

第七日，女娲从水中看见了自己
于是漫山遍野都是直立着的问号
在鸡狗猪牛马之间，人有一个莫名的诞生

就像它们披上了人皮，被无知所点亮
而我们的身体里都蹲着一头动物
生死疲劳，谁会凝视针尖上的一滴血？

生而苦，或苦中作乐。遥远的年代里
水之滨，山之脚，人们头戴"人胜"
巧手剪出，模仿于造物，剪彩为花，也剪彩

为人：与镜像中的自己相遇
或有登高赋诗的台阶，在风的另一边
我们能用声音惊醒睡眠中的灵吗？

如果她藏在一只鸟短暂的生命里
相比于我们的百年，那一瞬间的流光

无从寻觅。我们开始又一年的工作

这泥淖曾是我们的肉体，种出庄稼
让我们在引力中被牢牢地束缚
楼越砌越高，我们还能在俯瞰中看见自己吗？

正月初九：天公生

天圆地方，天地间渺小的
一个点。我们总想找到生活的意义和秩序
并在最中心的地方放置下重要的那一个
他品尝过所有的荣辱，在失败
和毁灭的边缘，他主宰了自己
在这一年开始的地方，我们祭祀于他
三界十方，人间万灵，天在上
他的言语决定我们这一年的冷暖
他的臧否收割我们的泪水和喜悦
清香花烛，有天的地方就有他
我们敬畏于，这些看不见的生灵
在我们的周围，在我们的思想里
在我们读过，和我们走过的地方
他一直在，比如一个小小的趔趄
一声微弱的咳嗽，或一簇焚后成烬的
火苗，在他的涟漪里，我们
看见自己的镜像：从呱呱落地中走来
永生在这些传奇出没的山水里

正月初十：石不动

十，石的谐音，石头的生日
不是猴子的迸裂，不是石破天惊
仅仅是我们周围的石头

给它一个生日，物总有其来处

我们从来处来，在石头的沉默里
照见自己，并在石头上雕刻
赞叹于它的逼真，那是石头的声音吗
它从不模仿我们的动和静

磨、碾……顺应于这石的天性
斧、锥、刀……小小的改变它的痕迹
在它阴郁如火的面容间，它
不动如大地，但猴子一翻八千里

赋予它魂魄：礼遇、感恩，
让忙碌之物休息，在化为齑粉的水流中
抬着石头神行走，如果在孤寂间
走入那石头坚硬的心，风也许吹圆了它

也许给它棱角。我们以走入石头的心
走入漫长的时间，以夜色开始的一天
在夜色苍茫中结束，但傍着石头的火
从不会烧着石头。石头不动

通常的一天，我们命名了它
通常之物，我们捕捉了它。藤蔓纠缠
一块做梦的石头，垫脚，还是立在
山道之上？无用的顽石，正好明天用来磨刀

有人怀抱巨大的夜空

瘦西鸿

浮雕

每天都可以看见
鸟鸣的山峰落进蛙鸣的池塘
又被蜗牛运到屋檐下的阳光里

自然界这些细密的天籁
总有清晰的针脚　刻在地球的转动中
每天都是一张新的唱片

从公元二〇一九年往回数
几千几万年的唱片　都在被更新
它们从不重复　更不叠合
因此层层的声音堆成了一座浮雕

人类密密麻麻　在浮雕上爬动
有时在寻找　有时又在擦拭
但所有的时候所有的人
最终都成为浮雕的一部分

一些被删去的词

一些被删去的词　正在呼救
一个修枝的园丁　看着满地杂枝
面露羞愧和无可奈何之色

最先骚动的还是那些动词
它们在武斗中失去手臂

又在当搬运工的日子里磨短脚板
直到精疲力尽　还想着运动

形容词在继续化妆　像一个老妪
在不合时宜的时代　还想敷衍她的枯槁
而新鲜的少女们　扑棱棱的腮红
已经把标语打到眉目上去了

名词们衣冠楚楚　早就找到自己的地位
瓜分一些代词　一些数词和量词
然后坐在酒肆里　醉醺醺地就着天气
对大街上路过的行人　品头论足

只有副词老实巴交　继续在空旷的大街上
背着皱褶的蛇皮口袋　在反复造句
它把月光走黑　又把黑夜走亮
然后剩给黎明一张　皱巴巴的白纸

有人怀抱巨大的夜空

尘世那么小
刚好被某人的一瞥照见

蚂蚁的左脸上
还徜徉着月光下蟋蟀的鸣叫

一只蝴蝶转身
撞上夕阳里迷路的老人

读经的少女
为读漏的一个字唏嘘不已

时光描摹记忆的剪影
一把剪刀蔓生无用的红锈

婴啼擦亮红烛
有人怀抱巨大的夜空

一匹阳光闯进我的身体

我有坚固的骨头搭建的肉体城堡
顶上盖着稀疏的毛发　偶尔被月光吹破
两洞窗户已日渐浑浊　落满飞蚊症
弯曲堵塞的鼻息　仍然在寻找干净的空气
耳朵的轮廓　也会成为坍塌的城墙

只是我还咬着牙　闭嘴不再吐出一个词
只是我蛰伏在地上　伪装成死去多年的人

一匹阳光闯入我的体内
我先是听见淙淙的水声　洗涤我的骨髓
继而是一阵狂风　清扫我血液的杂质
然后　然后是巨大的黑暗
让我升起来　像一座空旷的教堂

领悟

当走到一条路的末端
无路可走的我
不禁慢慢回转身
向着这条
容我独自穿行一生的路
深深地鞠了一躬

存在论

让我大胆假设一次自己的存在
左眼堆满刻着方块字的泥块
右眼飘浮起泡沫般虚拟的网络
我会不会是一串古老的竹简
或一张皱巴巴的白纸

鼻梁的鸿沟隔断时代
也隔断我思维的连贯
时间深处　我是裸露着存在的
荒漠与激流
而在时间之上　我只是一个人
一个异想天开却无法　自我沟通与和解的人

兴比赋

没有谁可以派遣
这只神一般的乌鸦
它在梯楼外的木樨上跳跃
仿佛一朵黑色的火苗
烧毁我眼底的幽暗

没有谁可以调遣
我神一般对文字的迷恋
沿着声母的枝与韵母的叶片
我几乎看见一首诗　命运一般
在原野上扑棱着羽翼

秋日黄昏　没有谁可以遣兴
比赋这个陌生的世界
一只鸟在急迫地归巢
而一个文字　正在朝着无边夜色
独自启程

警醒

开花是花开的警醒　落叶是叶落的警醒
一株树顶着满头积雪
昂着头　漫漫的喘息是另一种警醒

一株树看见几个人拿着斧头
慢慢围过来
它的颤抖震动了整片树林

一株树看见几个人拿着斧头
慢慢散开去
它为整片树林的儿孙　震动整个地球

几个人又折回来
一株开花的树被花开
树上的落叶　叶落却不归根

被风吹散
一株树看见几个人拿着斧头
在各自的命运中　走向各自的末日

健忘症复健计划

巫昂

合唱团

我的朋友那段时间正在和
合唱团出身的女孩谈恋爱
她们四个一起出现
让我们猜哪一个是女朋友
我们聪明地采用了排除法：
首先，不会是眼睛大的这个
其次，不会喜欢穿一身黑
最后，不会有举目无亲的眼神
被我们选出来的那个
用手死死地捂住眼睛
她们用四声部的和声
否定了我们的选择

试图

她试图留下每一只鞋盒
留住皮革的、帆布的、牛皮的气味
她死后这些放在书架上、隔板上、橱柜里的
　　盒子
被人清空
所有的衣服，没用完的化妆品
发带
她还没来得及进出两次民政局
去妇产医院，抱着孩子出来
她还在粉色碎花的阶段
三十岁，脸上还有个蚊子包
她常常用手托着下巴
看来来往往的护士

她对送一束花来的人，留下排骨汤的人
还会眯起眼睛
杀死她的细胞来自她自己
她向自己余下的
热乎乎的身体道别

他偶遇看不见的一大群人
被看不见的手
捂住嘴，拖离车位

旧金山机场

一整夜我都坐在旧金山机场
从一点到五点半
冬天冬天冬天冬天
候机楼的座椅上结着冰
这座椅就像很久没有用过的电刑椅
犯人穿着条纹狱衣坐在
45号登机口
他们正向这里移动
冬天冬天
热烈的血管遇到了凝固剂
我三岁或者四岁的女儿坐在45号登机口

自白派

我为了摆脱自白派的命运
去了波士顿
哈金带我去教工食堂吃饭
路过那个楼梯口时
说：普拉斯和安妮·塞克斯顿就曾经坐在那
里
日日夜夜商议如何了结自己
普通到不能再普通的狭窄的楼梯
台阶也是分级的
有没有扶手，我已毫无记忆
那是诗歌教研室的楼梯口
两个诗人在此
郑重其事地讨论痛苦
拽住彼此的手，直到拽出青筋
直到血管开裂

我仅凭着老去
就摆脱了自白派的命运

老马

老马从人民大学毕业
从广场上直接分配到老家镇上的生产大队
成为一名光荣的会计
六年后他打算重新考回北京
马克思主义哲学研究
玻璃碎片还嵌在那只老式沙发的垫子里
第一个坐在沙发上的人
正在乡下种洋葱
老马重新回到带电梯的世界
在地下车库

北塘

我去北塘看望伊蕾
先跑到湖边的那个房子里
跟前有院子，土壤不够肥沃
她在这里种过几排国产月季
我从别人家的院子里摘了一朵花儿

放在栏杆上，我的朋友
我不能够在这里站太久
怕新住户出来

我又去了她在北塘的另外一个住处
跟前也有院子，土质也是一般
她在这里又种了几棵国产月季
房子里有过全套音响，让她的侄子演出的小
　　舞台
被书架包围的床

我可以在这里站一会儿
像是隔着窗户和她聊天
她递给了我一碟俄罗斯的糖果
让我从中挑出自己想吃的
俄罗斯的就可以了
管它是甜的，还是硬的

厦门爷爷

每年假期结束我去上海上大学
你送我上出租车
要穿过中山路
车费是你付好的
我回头，会看到你拿出小本子
记车号

多年后，你把本地新闻里
一张关于我参加鼓浪屿诗歌节的
报道剪下来，放在钱包里
那里面还提到了舒婷

多么具体啊，你带我去买
巨大而松软的面包，附带两只蜂蜜小蛋糕

我从未见过你生气
连懊恼之色也没有

我们在金色池塘边上钓鱼
整个下午一无所获
棕榈树缺乏树荫，你的字典里缺乏
对抗，连鱼都不

词

我剩下的词已经不多了
放在桌上，会把木头烙出印子来
我剩下的词
在卫生间闭门不出

猫

我养过两只猫
但没有一只死在我这里
第一只应该已经死了
我没去打听，第二只
上帝的葵花照耀着它
屎是成团的，尿湿漉漉地滋润着万事万物

那只猫很朋克
它反对一切，它期待一切反对它
它从厨房的天窗跑出去
在旷野上破坏旷野的一望无际
它不高，也不胖
随着音乐的节奏
它只会蹦恰恰

这只猫在我失魂落魄的时候
踩过我的脸

将两只睾丸怼在我鼻尖
刚才说了
它很朋克

悬崖，峭壁

2007年10月29日，我在悬崖边坐了一个下午
北京特有的枯燥无味的悬崖
还记得在草丛中发现了大量的烟头
超级玛丽你与我同在

那个下午我感觉自己已经失去了一次生命
像对面山坳里的那只羊
它自上而下，步行
用脚划着小船
我在昏暗、昏黑、顽固不化的五点半下山

那只给我启示的羊
已化成灰白色的骸骨
这三百米高的洁净室
祷告者抽烟
脱光衣服
站立在冰糖一样的悬崖边沿

在医院，没有什么疾病是罕见的

橡皮筋融化在夏日炎炎之后
它也诞生于妈妈的温床
一个扎着朝天辫的胎儿
闭着肥大的眼睛

只要一直活下去
总有一天你的心肌会梗塞
会得众多癌症中的一种
软绵绵的胎儿
接受了这样的教育

妈妈拿着手术刀
熟练地切开那些产妇的肚皮
第一层，第二层，第三层……"你该减肥
了！"
助产士、器械护士哄堂大笑
敏感的胎儿
听着忘记闭麦的电台

带你来到这个世上的人
也有她自身的恐惧
她们一个又一个走入太平间
你出现在襁褓之中
头天傍晚还是毛茸茸的
隔天就接到了死亡通知单

橡皮筋融化在夏日炎炎的午后
那是一个少女勇猛的十三岁
她屏住呼吸
跳进了
比刀片还要锋利的游泳池

野杏子

去采野杏子的路上
她被灌木丛掩埋了起来
尸体上挂满了寒露的露，霜降的霜
她在落日时分醒来

一层层霜，白白的

她从自己身上站起来
整理了一下短裙子
继续上路
风刮掉了每一颗果子
并将它们压在土里

我认识许许多多这样的女孩
去找野杏子
因此丧失了所有的野杏子
她们站在空空如也的旷野当中
像一只只落寞的灯泡
没有电源，也没有电线
她们甚至不知道
电是什么意思

除了房价飞涨还有别的

我记得我在那个小区住过好几年
目睹一些邻居
生出来了孩子（换句话说，有了可供打骂的
　孩子）
有个单元房总是争吵不休
在我停车的那个位置听得最清楚

在夜半我也曾坐在车里
因为爆发了不可控制的争吵
出于对大蒜的喜爱
我背过五串上楼
晒在阳台上

大蒜刺激了一位普通居民的泪腺
她与男住户终于分手

又一对手牵手的年轻人
搬到了三楼，左手边
下楼的方向

上楼的话，则永远地奔向了万劫不复之路

罐头

我要把正在陆续死去的亲人
压缩到一只罐头里
他们在里面晒被子、种满一个院子那么多的
　韭菜
我透过猫眼就能看到他们
打着呼噜，此起彼伏

我按着节气给他们下雨、降霜
浓重的雾让他们的窗玻璃上
呀！有张鬼脸

我俯视着他们（事实上恰恰相反）
他们无暇练武功
还是严守早午晚三顿饭
我终于可以把小姨的脖子拉长一点
可以帮她嘘嘘

上帝有许许多多这样的罐头
他打开其中一罐儿
往里吹气，也吹得自己一肚子气

当我这么胡思乱想的时候
他们也正透过猫眼打量我

这道门轻轻一推就能打开
孤独的人儿，在这里，或者去哪里

温柔的人儿，滞留此地吧不要轻易出发
原始的人儿，酒醉之后，失去了岩洞
和石头上的画儿

月亮

那晚我们的情爱
没有月亮参与，一样紧凑、充实
那晚我们的情爱
月亮撕裂、下垂、弥漫
月亮代表死亡每二十四小时发生一次

不安

有人举着一把菜刀走过门前
刺猬挂在树梢上
煤气炉没关，但也没有火

还是月亮

我开车的时候
月亮坐在后座上
他的冰凉
足以将他的后背和皮子粘在一起
无数次月亮站在黑漆漆的地方给我指路
那些路途全是歧途
仰仗歧途才能与众不同
月亮全身充血，像水蛭

这个世界会好吗

泉子

是一直以来的严谨与克制拯救了我

是一直以来的严谨与克制拯救了我，
否则，我应早已毁于一颗多情的心。

欢喜

当我从它们身旁经过时，
它们在水面奋力地拍打着翅膀，
并在五六米开外重新收拢起羽翼，
并回头望着我，
而我如此愧疚于
我曾带给它们的惊扰，

又因这茫茫烟雨中的相遇
而深深欢喜。

当你知悉

这注定是一个悲喜交集的人世，
当你知悉——
无数的星辰在一个瞬间诞生，
而无数的星辰又在同一个瞬间
悄然消失。

他并不知道

他并不知道，甚至从来没有想到过，
这次短暂的出行后
他再也没能回到自己家中。
或许，他曾设想他的归期是一周
或半个月。
他是在家人的陪同下
去省城那家熟悉的肿瘤医院做进一步的治疗
　　的。
虽然在上一次的检查与治疗中，
医生告诉他治疗效果不佳。
他也知道自己已来日无多，
他曾在电话中告诉远方的亲友，
或许还有三个月或半年时间。
但他又坚信医学的最新进展
终将为他从厚厚岩缝间带来
那道微弱而如此炫目的光。
而他终于从那位一向和善的医生的
严词拒绝中瞥见了
死神那道冰冷而坚毅的目光。
在他固执地坚持留在医院等待新的治疗方案
　　后，
医生告诉他，
癌细胞已扩散到他全身几乎所有的器官，
而肝脏尤甚，
几乎为大大小小的肿瘤所包裹。
他隆起的腹部是因为严重的肝腹水，
而任何新的治疗都意味着一次新的伤害。
她说，他早一天出院会比晚一天更有利，
无论是对他自己还是家人。
事实上，他的病情在当天下午急转直下。
而在一次次昏迷的间隙，
他不断催促妻子动身回家，
他妻子也一遍遍安慰他说，
等天亮就出发。

当他们联系好的，从他们县城赶过来的救护
　　车到达时
已接近中午，
他们原计划在回去的途中
经过他故乡的高速口时做短暂的停留，
以与早已守候的父母及同学亲友做最后的告别。
但随行的医生建议他们直奔县城医院，
因为他的血压已发生几次急遽下降，
她们担心他能否坚持到
他已然生活了三十多年的
他终将"魂归"的故里。
他是在回到县城医院三十多小时后去世的，
在这期间，他一直处于昏迷之中。
只有当他年迈的父母从一百多公里外的故乡
　　匆匆赶到，
而他母亲握住他的手，
并轻声地呼唤他的小名时，
一行眼泪从他苍白的脸颊上
滚落了下来。

普仁寺

最初是对一条溪流的追随，
而一种莫名的吸引为你敞开了
一条通往山巅的路，
直到你震惊于庙宇的森严
与山林的寂静，
你甚至忘了清晨的空气中
那一丝丝沁人心脾的甜，
而经常挂在你嘴边的"岁月静好"，
仿佛一个崭新的词，
并第一次从你心底浮出，
而你在一只雀鸟自在与欢喜的啼鸣中，
知道了这座山的名字是狮山，

这座古老的寺院叫普仁寺，
它始建于公元958年，
而苏轼在狮乳泉的岩崖上题写下的"喷雪"
　二字，
在千年之后依然光洁如新。

不是因为你看见了什么

在离开郦云平工作生活了二十多年的导航台的
乡间小路上，
他的同事小官说，郦在导航台里养过两条狗，
除了刚才我们看到的黄毛，
还有一条黑狗，在郦去世的前一天晚上，
突然剧烈地狂吠起来，
仿佛受到了极大的惊吓，
从门缝间逃脱、消失，
再也没有回来。
而你后背的寒毛突然间竖立起来，
不是因为你看见了什么，
而是那不为我们所知所见的
远远超过为这越来越浓郁的暮色和盘托出
而又渐渐聚拢来的全部。

圆满

圆满的是一个不去强求，
也不再被辜负的人世。

生生不息

"天空中的水汽凝结，化身为雨落向大地，

当它们再一次从大地深处浮出，
并汇聚成潺潺溪流，
汇聚成了江河湖海。
我们沿途喝下，又将它们排出，
然后通过蒸发，
再一次化为带给大地滋养的云与雨。
爸爸，你是否同样会感到有些恶心，
当我们喝下我们曾经的尿液？"
　"而这何曾不是尘世万物的隐喻？
这生生不息，这一次次地澄清
与循环往复，
而我们又必须放下这杯清冽的甘泉
曾是我们的排泄物的执着，
而我们又必须不断地放下，
不断地，直至——
我们如此欢喜于
一个最初而澄澈的人世。"

这个世界会好吗

这个世界会好吗？
而你不断追问的，
是你能否终于成为
那个更好的自己！

劫后余生的人世

当那道唯有死亡堪仿佛的强光将你照亮后，
你终于获得了一个劫后余生的人世。

写作时刻

莫卧儿

父亲的帽子

父亲站在家门前的银桦树下
冲我挥手
树冠巨大的浓荫
就要下起一场绿雨

从古老的安宁河谷中
吹来一阵风
母亲和我眨了眨眼
睁开眼睛的时候
父亲已挑选好各种帽子

渔夫帽、礼帽、太阳帽
不同盈缺的月亮

从他头顶升起落下
夜色将他的眸子
渐渐包裹，看不分明

父亲就这样戴着帽子
穿行于大街小巷
身影变得越来越小
仿佛走进了帽子
空心的深处

门前的树冠不再落雨
也不常有鸟从雨中飞出

有一天风突然掀走了
父亲的帽子

醒目的银发在空中
跃动翻飞
那一瞬，仿佛新生的父亲
重返人间

柚子的光辉

柚子的气味清晰，遥远
温柔妥帖却拒不合作

远离风暴的时候
孕育了风暴

柚子的光辉来自启示
无法想做什么就做什么
但是不愿意的便可不必去做

存在之诗

咖啡馆里蛇行的女人
迎头撞上
巨大透明的落地玻璃

刚睁眼的幼虎
面对来到世间初次看到的笑容
将杀母凶手认作亲人

莫兰迪说
没有什么比我们实际上看到的
更抽象、更不实在的东西了

今日秋分已过，阴阳转换

北半球渐渐长大的阴影
那狭长的黑暗
究竟楔入了什么的深处

所有的悲伤都不长翅膀

邻居弹奏的钢琴曲
从密闭的屋子里溢出来
声音经过了挤压
变得低沉，像是呜咽

1941年，一大队戴着
脚镣手铐的犹太人
在苏联境内被赶进万人坑
黑暗中圆睁的
是双双黑白分明的眼睛

所有的悲伤都不长翅膀
永远无法腾空远去
也没有足够大的容器
在大地上得以盛放

潮水退去

每件残缺之物，都携带着
一座庞大的宫殿

海边。幼小的珊瑚残枝
朝向天空的手指
是呼告，也是虚空中的坚定

半页贝壳有着自身

奇异孤独的圆满，倾听的时候
毫无保留地向世界敞开

因为涵纳了太多细微的生命
球状珊瑚礁内心丰腴
于是断壁选择脱离母体，踽踽远行

而在彼岸，在无尽的天际线下
日月之光是否让它们重新回忆起最初的弹奏
　　与凝望

毒

梦中，蔬菜长出了人的脸孔
胡萝卜的黄牙
西红柿的粉舌头
它们成群结队驱赶着什么
同时又被驱赶

黑雾在河里翻腾
鱼群都赶往天空

男人失去了种子
声音变作耳朵：
给我海洋，我要遨游
女人的眼泪
从化学试管中分娩
孩子失踪
星星孤独

而更多时候
它们无形、无味、无色
在黑与白之间
在神祇与众生之间

被默许幽灵般潜入
这个国度每一根血管
仿佛喉中鲠
你呕不出来
却无论如何难以下咽

人偶

多数时候它们面对面
不确定有交流
也许只是在消化长久以来
积压胸中的石块
有时被风吹成了背对背
但形态相似，没有违和感

天气阴晴或路灯明暗
并不影响观看小区翠竹林中
悬挂着的两个白色人偶
因为太过醒目
乍一看有些惊悚

她怀疑过人的身体和灵魂
每时每刻重合在一起
就像每天下班回家
高跟鞋踩着两小团阴影经过一楼院落
那对租户已经搬走很久
但是留下的人偶
时常还在原地叹气，喘息
偶尔发出主人少有的咯咯的笑声

写作时刻

事实上他一直没有注意她
举着水龙头给花木浇水的园丁
手臂的起伏并非完全
依照植物们生长的高低状况

这让她想到写作时，最初或许
朝着某个方向，但在行进过程中
词语时常会挣脱轨迹
以最富于想象力的方式飞驰
排列出多数时候令作者都惊叹的结局

水珠继续在叶子上俏皮地做着
各种不规则运动
园丁已走远，有人站立原处
巨大的热浪中悬浮着
一块足以容纳思索的清凉

事件

芦苇岸

"伤口是光进入你内心的地方"

如南方晴日的突然，秋不高爽
蜗居老旧小区，一个苍白头发的老人
没牙的嘴含糊地说着
说啥呢？不清。感激的泪把她怔在门框里
逆光像命运一样放大人形
她身上背负着一个甲子的短暂与沉痛
探望可诚，问候也充满真义
不同于老母亲的涕泪
我想我们都同时被这样一句感染：
"我们内心深处的一个转变
会使宇宙发生转变"
莫拉维·贾拉鲁丁·鲁米，触雷一般
击打着诗和爱诗如爱烧酒的人

我若不信神秘主义，怎可原谅自己
在漫长的岁月，在孤独的自造中
人性如水草纷飞
规制的情绪在节日的情景捕获泪点
没有任何提示，话题收束恰到好处
月饼和利是的安慰
暖着世道如炭火将尽的温存
关门声亲切，徒步也有着访友的慢
醉仙楼，不见金庸笔下的七怪
但见清冽的青稞酒
取自五谷杂粮，即将对头脑周正的一干人
发起走心的围攻
湖边，榆树横斜，投影于敞亮的湖水
像抚慰晴朗的伤口，低诉目所不及的美

母亲

背母亲下楼，一楼十级
三十级，走了三个世纪
母亲的呕吐物，以及该死的痛风
对我上下奇袭……

抢救室，医生在她胸部
打上电极片
她干丝瓜一样的乳房，是清醒的

尿裤子，换；尿床单，换
换不掉的痛，扎根命里
两滴流不动的老泪，在她眼窝
不吱一声

刺鼻的药水味把我赶出病房
夜幕下的高架桥
分开两排桦树。它们哗哗摇动着
像在对天大哭

悼伊蕾

卧榻前的烛火萎了，黑暗漫过案头
册页还没来得及关闭
你苍老的发际
霜影长长，时间抬升记忆的坡度
通向外界的路途，灵魂异动
似有硬物敲击，叮当声
在雨水打湿的言辞里飞珠溅玉

只有向天空送梯子的人
才配得上星辰。高悬于尘世的美
投射安详而静穆的脸

时间的灰烬掩埋哭泣
心室运行，烛火重构自己的容颜
此刻，我的墨守非理性
绕过黑暗，为圣灵远行，送上一程

一只蝇

石头被冻住那一刻
一只蝇在壁炉的保温中抗拒死亡
火焰在炉中妖娆，空气弥漫节日的喜庆
更多的苍蝇已死，在寒冷的绞杀下
它们只剩理论的眼睛。它们看见——
人类抱着恐惧走在背离返乡的路上
不断有老者像力竭的马匹，被时间推倒
侥幸活下来的这一只蝇
穿过城市的废墟，在塌陷的黑暗中
被火光唤醒——那些围炉烤火的囚徒
因为一只蝇的存在而面色安详
一场静穆的超度，化着石上冰
咔咔的响声，接二连三，断断续续
温暖让石屋子，重回现实
火炉上，面包的香味，制造诱惑
熟睡的苍蝇在梦中独享王的盛宴
它不拿筷子，也不使用刀叉
食物自动飞进它的胃里
巨大的饱嗝儿，轰然作响，一个接一个
当它再次醒来，生活换了频道
在面具下欢乐的人们，最终成了
面具。比面包香脆的面具
像被常温烤得昏昏欲睡的人形幻影

幻城

蛰伏的独角兽开始发情，抓住沉落的
光线，向楼群献媚
浑浊的暮色散发邮戳墨味
街巷里，蠕动的黄昏提前妊娠
送信人走远了，身影瘦成一根电线
汽车满载人类的荷尔蒙
变速箱里的秘密，95号汽油的后劲
一溜烟消失在金属的啸叫中
车上下来的人，被路灯涂上脂粉
来不及说声"再见"，就已不见
落日有再生的本事，我有青春回眸

关于反射的反射

挖掘机在早晨歇响，它捣碎的夜
像散落一地的镜片
专事光的收集。黑暗和黑暗的反面
有一种关系在不停闪烁
——对反射的反射

时间提着刀，尾随秋天，收割我的心
树踩着寂寞的影子，驱赶落叶

作为工作，机器的敬业让我害怕
它弄出的抖动
从地面传导至我手中的书页

恰巧这时，你遇见我，不在街角
那太俗气，而在天桥上
过客匆匆，来不及斜视我们

你在打理生活，打桩机碰到坚硬物

趴在那里，它的思考薄如叹息
但你不行，你被自己的指尖顶着前进
像一场逃亡，消失于市井

打开的书页，关心着灵魂
落叶辉煌。机器声锋利。遍地生育
而我，只想要一束光
重新回到原地
在文字里，光把我片得像一块漂木

经验的可能性

不能在语言中谈一场伟大的恋爱
不会教词语呼吸
不敢将月光的手牵进红扑扑的心脏
就趁早滚蛋吧

你看我，捧玫瑰的手在颤抖
把白玫瑰捧成红玫瑰、再捧成紫玫瑰
也可以让节奏跟着你的
自在；让世界
为你，手捧玫瑰，轻轻晃动

月照松林，让松针上的露水沙沙响
那些不爱叫喊的
就等着饿死吧
爱美的月光，会从大地湿漉漉的裂痕中
长出来……直到瓜熟蒂落
美成一场灾难

看，词语和句子
好上了，它们在我面前抚摸，拥吻，舞蹈
它们绕过我，又折回
把我撑开——

一个瓦罐，装满盐

你会过不惯没盐的日子
你会懂得煲汤，翻炒，清蒸，以克量化
你会在数词中找到味道的奥妙
你会在"少许"和"适量"之中掌握准确
你会在清淡和重口味之中获得美味
你会找不到自己又不得不服从自己

你是王者，一个潦倒的王者
从落水的惊悸中爬上岸来
从早班火车上气端吁吁地下来
你顾不得刚刚经历的惊险
一屁股坐在地上
眼里却冒出群星，千娇百媚

当然，你还是得回到强大的
现实，面对针孔摄像机暴露着时代的一切

你看到河流欢快地奔向我
你看到落日与荒原之间隔着一场雪
你看到高铁追着飞机的轨迹
你看到的另起一行，有时无奈，有时洒脱
最后，突然在我体内
爆发一记脆响

你看到一座教堂
敞开人门

事件

十字路口的电子广告牌
翻新时间的记忆
此时此刻，生活的样子

被预订
被整理
被规划
被切换
被交给陌生的你
在你眼里，藏着你想要的生活
只是你
从不喜欢裸身
红绿灯交换着你的眼色
你默数斑马线
幻想滑板冲过琴键，在夜里发声
或从谁的梦里
抽走一根筋
让那个朝你挤眉弄眼的女人
从荧屏上走下来
告诉你好生活的开始
像告诉一个尚未发生的事件
在你面前
被预订
被整理
被规划
被切换
被陌生的你
打包，提着四处奔走

花腔

龙角花站在两个我之间，用异样的
眼神，识别可疑的那一个
两个我，像两个皮影，穿梭在
真实与虚幻之间，被沙哑的唱腔弄晕
天放晴，阳光刺眼
守门人说他看到一夜的雨
轮番对龙角花施暴

"有些招架不住了，我打起瞌睡
后来，你就在龙角花旁低着头
莫说老眼昏花，我断定不不止一人"
门缝儿对着花圃
两个我，在老者的一声叹息里
小心翼翼地站着
像两个走出墓室的幽灵
不知选择什么样的变调应对恐惧
"我断定不止一人，不
至少两个，三个也有可能，过巷子
带起两股风。天打闪，雨脚子很大"
两个我，对影龙角花
时而磕着牙齿，像一对冤家

被遗忘的世界高速公路

张洁

被遗忘的世界高速公路

在被遗忘的路上
她们都睡着了

没有看见预想中的盛景
没有任何特别之处
不特别好
也不特别差

除了车少人稀
甚至连遗忘的痕迹都被掩盖了
数百公里，葱郁的山谷山岭

一场大洪水带来的死亡和逃离

并没有留下什么痕迹
比如害羞的伤疤
比如一到阴雨天就发作的骨痛

外婆、妈妈和女孩都睡熟了
我坐直身子，从后视镜中盯着司机
心里说，你可不能打瞌睡

要是我能吹熄那些路灯该多好

夜深了
大家都应该上床睡觉
光累了

它需要休息
它需要人们有一段时间不需要它
它需要从长长的队伍里隐退
它需要独处
我想为它关上门窗
有一段时间
它只照耀自己
甚至也不照耀自己
单单静坐黑暗里
黑暗是多么细致多么柔滑一池水啊

比邻而居

与其说是我选择了这地
不如说是这地选择了我

不仅选择了我
还选择了许多与我有相同热爱的人

比邻而居。相交，或者平行
这块崎岖的土地，这片平坦的海域

风声从篱笆那边跳到篱笆这边
海鸥一展翅，就越过了小园子和大园子

肩头的担子卸下
沉重的肉身显露出来。我自何处来
拥有了一群欢乐的邻居

大、中、小，你要哪一种辣

噢，对不起

我知道我舌尖上的味蕾
却不了解我的肠胃
我身体内部水与火的比例

有时候选择真是一件麻烦的事
有时候权力成为负累
却不容推辞
注定遭遇白眼，今世是不耐烦的

今世。没有人会等你
今世，注定被辣到，被呛到，被
稀里糊涂送上或远或近的贼船

海像一只碗，碗像一只海
今世，俯仰之间

我有许多理由倒下

又有许多理由起来
纽村到了夜间就变成了水村
熔断。挂不住的水，从空气中渗出
像熟透的栗子
从深秋的枝头，嗒嗒嗒嗒地掉落
屋檐下
第一串红辣椒已经腐化，无声无息的
死，比成长更加迅速
也更加自然
像魔术师帽子中进进出出的
那些惊人的往事
那些瞬间沧桑的儿童

一首诗

就在这里
在空气中，不比空气重，也不比空气轻
跟空气一样透明
也许就是空气本身？
在寂静里，倾听我，窥探我的隐私
从午后的阳台
眺望，热浪、微尘、楼群起伏的阴影
以及更远的流水，亲人
背过身，关上门
它还在室内，包围我，在每一处明亮和幽暗里
我坐下来，瞪视它
想知道它从哪儿来，要到哪儿去
过去和未来，我的良师益友，可以随时起身
奔赴我缄默的约会
还有，我正忍耐着的现实……
努力记住历史
而必须忘掉仇恨
当一首诗找到你，向你伸出右手时

终于等来开启的日子
我有幸目睹了如此众多的
美丽的失控与流荡
这些白色的絮状物
全然无害，全无重量
越飞越小，还没有找到落脚之处
就消失不见了

大雪之雪

来得如此准时
仿佛不是从天而降
天上的事物，有谁能真的了解
有谁能真有把握呢
这柔软的，肆意的，飞翔
完全像从人类的心中
脱颖而出的
压抑了一个春天，一个夏天
又一个秋天了
像困于木柴中的火
石头里的水

天伦之落

赵克强

养老院

养老院里
一个护工要管七八个老人
有时候忙不过来
给老人洗澡
就让老人光溜溜站成一排
自己打香皂
自己搓
然后他拿起水管子
挨个冲一下就完事
……
从养老院退休的亲戚劝我
二天老了
牛不动了

千万不要去养老院
遭孽啊

买肥肉

记不得那是1972年
还是1973年了
反正我还在读小学
那年春节
每家每户
不要肉票
可以凭副食本本
买斤猪肉

我妈给了我一个板凳
去食品公司门市排队
整整一个通宵
轮到我家买了
我一边揩鼻涕
一边朝着师傅使劲喊：
"割那块肥的！
割那块肥的！"

噩梦

三婶老公是杀猪的
干那个事
从不戴套
又不准三婶安环
怀上了不敢生
只好打掉
有时候一年两三回
一共打了20个
三婶45岁不到
就不来月事了
一天到晚
叫唤这痛那痛
经常半夜惊醒
说一大堆娃娃
围着她喊妈

天伦之落

儿子生二胎后
打算换一套180平的大平层
回来找我要钱

交首付
我说给我留一间房子
想孙儿的时候
我好过来住
儿媳开玩笑似的说：
"爸
按国家的标准
人均居住面积
30平米
算小康
加我父母已经六个人
如果你要来
你的两个孙儿
立刻就生活在小康以下了哦"

白米饭 庄生

诗本

好久不见宁清妍
这次来上课
我问她
最近写诗没有
她说
她写诗的本子
还没有到
等本子到了
再写

那些花儿

村后土地
被私人侵占
一条高速路
横穿而过
连我小时候
拔过花生的
花生地都不能幸免
几年过去了
说好的赔偿款
村民们没有拿到
一分
去年村民理事会的
说要凑钱

打官司
也是不了了之

自己人

每次跟晓雪吵架
气消后
我都会想起二弟
在祥林苑劝架时
跟我说的话：
　"都是一家人
有什么好吵的"

启蒙

读初一时
语文老师陈翠瑶先生
把我叫到办公室
拿了泰戈尔诗集
鲁迅文集
给我看
后来
陈老师去读研
就一直没有见过她
我找她
找了十多年
终于知道她在老家
县城一所重点中学执教
这样
就很好

白米饭

从小到大
母亲忙着农活
我这个老大
就会把白米下锅
木柴在炉膛里
烧得哔哩啪响
有时候我会把
一个鸡蛋
一个番薯
几个花生
埋进炉灰里
待到揭开锅盖
每一粒饭
都在大口喘气
我可以看见
每一粒种子
从出生
发芽
开花
到结果

虚张声势

左右

牛逼

我理解的牛逼的人和事
标准很低很低
对我来说
这些已经足以
令我倾慕一生：
拥有一张永远长不大的娃娃脸
作为小孩而天真无邪的模样
以及
随时随地能够听见迷人的声音
并动情地将
黄金的诗句流利说出

虚张声势

经常有人
把头靠近我耳畔
手掩着嘴
大声
告诉我
一些很小的事情

父亲

终于瞒不住了
姐姐告诉我　你病倒了

我祈祷

那只是小病

姐姐又告诉我　你做手术了

我祈祷

那只是小病……

直到我看见你住院的照片

才知道病情有多严重

从小到大

心中高大伟岸的形象

一下子

瘦了

矮小了

无助的父亲

在病床跟前

越看越像儿时的我

我握着他的手

越来越像

年轻时的父亲

助听器

这只中国制造的

耳朵

比上帝恩赐的那两只

强多了

致父亲

你住院的每一天

都是我在人间

不忍承受的灾难

课堂上讲给孩子们的童话

为了长得更帅

更灵光一点

能够让所有的小伙伴

一下子就喜欢我

我将这一生平稳到站的机票

私自改了航班

结果——大家都知道了

上帝嫌我不听话

他摁死了

我耳朵里喂养声音的

巨兽

皮卡丘

我要走了

他大声冲我喊

皮卡丘，皮卡丘……

不管是不是在喊我

我都点头答应

自闭症康复中心的大夫说

他除了会喊这三个字

其他的

都不会

他除了对喜欢的人喊这三个字

其他人

也懒得喊

与友人吃鱼火锅，思考的问题

如果人类
是一条鱼
地球是一口锅
上帝吃完鱼
会不会也把我们的骨头
随口吐出来
丢到另一个星球上

当面教育自己的孩子

这些书页在暖人的北风中
奋力跳跃，翻飞
我照着书中每一个汉字
汉字头上所标注的拼音
一字一句
懒洋洋地
纠正发音

生活碎片

最近吃东西
总会咬到舌头
或者嘴唇
和我一起打篮球的李斌说
都那么胖了
还想吃肉

这个智障的冬天

小区公园里
我拿着一本小学语文教材
一本《大头儿子和小头爸爸》
在秋千上
看得津津
有味

几个路过的陌生人
对我指指点点
我看懂了他们的口型
家长拿我作反面教材

家史

杜思尚

接吻事件

1979年
《大众电影》刊登了
一幅外国电影的接吻照
杂志几度脱销
一位老同志
专门写信质问：
你们这样毒害青少年
9亿人民是不会答应的
杂志按他的要求
原文刊登了此信
结果，许多读者来信支持杂志
老同志生气了
扬言要攒钱买车票

去北京杀编辑
后来他突然迷上了
风靡全国的交谊舞
还喜欢与不同的姑娘跳
就把这事给忘了

成长

每天推开家门
他会叫着爸爸
风一样冲到你面前
每次摔倒
或是脑袋碰着桌角

痛得皱起眉头
他会忍着不哭
断奶时常给他念叨：
"姐姐长大了，不吃奶了
宝宝长大了，也不吃奶了"
半夜醒来，他会哭着说：
"妈妈喂"，然后嘟囔一句：
"宝宝长大了，妈妈不喂了"
翻个身
又哭着睡去

要了回来

现在
他拎着两把防盗锁
像个手足无措的孩子
站在街头

这辈子

前半生
头悬梁
把刺锥入骨肉

后半生
戴上老花镜
含泪
把刺一根根拔出

我看到一个人茫然地站在街头

他刚骑到十字路口
就被两个警察
拦了下来
城市要取缔摩托车了

他已经走出几步
又折返回去
把车上的两把锁

一日三餐

朵拉

一日三餐

像余情未了，顺着念念不忘的思路
延续下去，幻影重叠
被她深爱过的那晚
——只留下视觉听觉。放慢心跳的速度
一个开窗的动作
用去一分钟

其间，有白鸽飞过去
仿佛被光阴唤醒了多次
而沉迷，将倒映在水中的人
又抛了一次
缠绵

是灯，是灯里的火
是入梦里的灯火，这一日
静候守着回应
——路过的，披着一层层阴影

风在拐角的地方停顿了一下

树叶在摇晃她的相思
那么多的相思到底会有多重——

有一点
乏了。就不要再想什么
山重水复了

只有阳光
一直托举着善良
将一首不平静的诗承接上亲切柔和
仿佛爱
无所不能

微妙之处

冷若冰霜的人
是寂寞的，她有深不可测的夜
她只在夜里
欣赏花开的过程
一刻不离

给虚幻的人
对号入座
她的手里聚满花香
她把花香分给每一次想象
疲惫
是次要的

一支烟
飘着柔美的线条
没有点燃
永远不会懂
缭绕

没有谁，为了谁
而哭泣
——当星星迫不及待地睁开眼睛
竟遗失了玫瑰色般的天空

抹掉的部分
是因为害怕寒冷——
像不像
忧伤的
表白

诱饵

——这不是鱼钩，竟一直摆出一副
勾引的样子，流着痛苦的汁液
她把治愈二字写得格外醒目，而胆怯正在扭曲
她的生活
两只酒杯对视。墙上挂着
向日葵标本

默默地
想要表达什么。她执拗地将询问
压在箱底
安静，安静

一只苹果受伤了
留着清晰的牙印

晚霞，是白天最后的伤痕

鱼，在水面吸了口气
返回水中，这是一场不知不觉的离别

薄刀峰的刀

方启良

薄刀峰的刀

薄刀峰藏着一把刀
只有手无寸铁、内心有刃的人
能看见

刀嵌在云中
凡夫俗子看它是南北走向的山脊
风到此聚为雾，凝为露
刀，与天融为一体
无数人登顶
握不着刀柄

它是一个意念存于世，是一种震慑
我是刀客，翻山越岭

从不回头

雾山

只在下雨的时候生雾
只在下大雨的时候生雾
只在童年的时候生雾
雾在山的高处，从不下来
像藏着神的宫殿

后来山顶真建了庙宇
下大雨的时候，有一条游龙
从山坡飞下来，不停地循环往复

童年时，我想这都是真的
我信我的乡亲们

我都显老了，对雾山还是陌生的
它千沟万壑，容纳时间的沉寂
但它的子民仍繁衍不息
它允许一些蝴蝶飞出山谷
也允许飞走的鹰不再回来

梦

我发现，梦像老家的山岭
有绵延不断的特性
小时候去过的地方
常在不同的夜晚反复出现
可能从前少电的缘故
梦里的月亮那么大
它一再爬上屋顶且没有
缺失的现象
梦里一群人都像旧识，女人居多
她们结伴去赶集
像无所事事打发无聊的时间
她们问得最多的一句话就是
你吃饭了吗
仿佛梦里的第一要旨就是活着
那个离我最近又离开最快的
我每次想真切地看看她
她有穿墙的功夫。我刚想喊
她就消失在虚无的月光里

永恒

我只能在照片里
找一个人
她已经老了
看到灿烂的阳光簇拥着她
我忍不住泪流满面

她挑着一担衣服
周围安静的房子
都在给她让路

这是我八十多岁的母亲
我唯一给过她温暖的
她穿着我青年时代的背心
上天再没给我机会
让我走进画面
接过母亲的竹木扁担

小华山

如此尊敬一座山
在小华山上
所有人弓着身子，虔敬地低着头
侧着身，脚板与石阶一个方向
恨不得脚下长有吸盘
这是对生活的隐忍
自古华山一条路
这儿有两条
一条原始的土路
狭长，耗费光阴
一条是观光电梯送你上来
海拔提升一百一十米
更主要的

你可以享受青云之志
不虚小华山之行

光在绝壁的顶上
爬，是一种义无反顾
上了小华山是鹊桥
一千只喜鹊托住一团祥云
到了这儿好像没有悲欢
过了鹊桥，才是神仙眷侣

一朵花儿红了

梁潇霏

波斯菊

女人们坐在高岗
把纺锤藏在脚底
直到天空的酥油灯燃亮
她们手捧金葵花的心
开始跳舞

豆腐

它更像女人的乳房，
当你轻轻触碰，
一种味道叫人怀想。

冬季，冰面乳白的雾气弥漫。
它与土豆一起，贴心温暖。
炎炎夏日，又爱君子的青葱。

但世间真有一清二白吗？
且让我们相信，不要考验。
油炸之后，它便不再是豆腐。

哑鱼

我们从菜市场出来，
迎着落日，说起它最后的壮美。

汽车后备厢传来窸窣的响动，
一种困境中的挣扎，
他不得不承认它是活着的事实。
我感到痛苦。
与其动了恻隐之心，
不如说我更惧怕
那些任何时候都不会抗争的生命，
它们更加突出了行凶者的残忍。

烂苹果

长了霉斑的苹果
我削掉它的皮
以为果肉还可以吃
但果肉烂掉了
我想它的芯总该是好的吧
切开后却看到
早在春天坐果时
虫子就驻扎进去了

故事

一只黑色条纹的猫
听一位老人讲故事

从猫的眼神看
它更加江湖和老到

而老人因为年迈
显得孱弱而天真

但显然他们彼此都认为

自己才是对方的主人

鸭母河上

鸭母河对岸
有人养了一群鸭
平时，鸭子在河里觅食

需要喂食时，养鸭人嘴里会发出
"嘎嘎嘎"类似鸭叫的声音
鸭子们听到了，就回到岸上

要宰杀它们中的一只时，他也会这样叫
鸭子们无法分辨
哪一次是喂食，哪一次是宰杀

它们在河里嬉戏，捉鱼，游泳
鸟儿一样在水上飞

但只要听到养鸭人的叫声
它们便立刻群体呼应，列队上岸

沙峰

我们驾驶越野车，
在沙峰上升起。

一块叠有层层彩纹的石头，
展示荒凉时光里的故事。

忽然，长着恐龙骨架的昆虫出现了。
仿佛远古的守卫，愤怒而脆弱。

从一粒沙中能悟到什么？
我们都活在自己的时空。

当我们向远处眺望，
乌梁素海像一滴就要消失的眼泪。

初冬，一朵花红了

它睁开眼睛
看见空气穿着铁衣
风提着刀片
鸟的尖喙
在干树枝上挥舞

它没有亲人
从未见过蝴蝶和蜜蜂
不知道蟋蟀怎样歌唱
甚至，它不会长大
出生即是临刑

但它是多么欢欣
看啊，天空湛蓝
太阳在宇宙的高处辉耀
大地宽广黝黑
不久将被一场白雪覆盖

一位诗人看到了它
低下头
用冰冷的嘴唇亲吻它
那是它短暂一生中
唯一的爱

地铁里的欢乐颂

弱水

在雨声中醒来

在雨声中醒来
在雨声中想起是礼拜日
在雨声中接受上帝赐予的幸福
它总是意外降临，如果你继续躺在床上
就会觉得受之有愧

在雨声中打开窗户你要拥抱飘进来的
雨雾雨气和雨意，它们代表一场
完美的夏天的雨，向穷人致以清凉的慰问

在雨声中昨夜的伤神奇愈合
窗外一大片槐树和银杏闪着绿色波光
需要定期清理尘埃，特别是蒙尘的人心

在雨声中布老虎瞪着清亮的眼睛虎视眈眈
在雨声中一把椅子在等待一个人
在雨声中一张床在做一个梦

在雨声中
渐渐有了鸟鸣、人声、马达声

有一些东西像植物们淋雨后的快乐
在雨声中醒来

当落叶落在你的墓前

当落叶落在你的墓前
还有一些青草摇动最后的青色
像我的吉他在旧金山露天广场
回响着绵久的颤音
我们曾经对着城市、天空、狂野号叫
对着路灯、天花板、墙壁号叫
对着月亮号叫，对着监狱、精神病院
停尸房、加利福尼亚超级市场号叫
因为世间有太多需要踢开的麻木脑袋
和绑缚心灵的绳索
有太多的人假装眼盲
只有我们是假装天真
只有在我们的吟唱中，风就是风
溪水就是溪水，夏日的红玫瑰
要送给心爱的姑娘
只有我们，懂得兄弟的深意
只有我们，愿意在你的路上
一起做迷路的人
对着你，我们只需轻声朗读
我们吐出的每一个音节
都像落叶一样落在你的墓前
我们团聚在这甜蜜的气息中
黑暗是我们离去的路

恶

一桩恶发生了
人们同仇敌忾
一致判他下地狱
这很容易
因为他们都和他无关
对恶的价值判断是单一的

难以理解的是
那些和他有关的人
有人为恶拉皮条
有人为恶销赃

需要画一幅图去描绘
恶伸开了怎样美丽的触角
捕获了他们

在秋天有了悲伤的理由

秋天来了
银杏的叶子落了
我们就有了悲伤的理由

在秋风中练习流泪
而不是在镜子里模仿微笑
向大雁学习分别
而不是向语言索取温暖

在秋天可以将悲伤端上桌面
一个人缺席
一首诗会飞来补位

成熟的事物正在衰败
死亡在消解一切意义
在幸福中耗尽了爱情的女人
在秋天有了悲伤的理由

地铁里的欢乐颂

进入地铁四号线的小男孩
仰着小脸惊呼，"真凉快啊！"
这一句还不够
表达他此刻的欢乐，必须
再来一句，"太凉快了！"
高出他一半身子的大人们
在他周围砌了四面高墙
石头贴着石头，时间的水泥
抹掉了一切棱角，只剩下
一副副平整的表情
无论高处不胜寒
还是低处的炎凉
他们都保持着最高的统一
从感官系统到语言系统
铁一般坚硬、严密、缄默
只有小男孩红彤彤冒着热汗的
脸庞，在地铁充足的冷气中
闪耀着幸福的光芒

看纪录片《苏珊·桑塔格》

他说："她让我坐在她的床上，然后
然后展开了一场关于纯粹理性批判的辩论"
看到这里，我笑了
但好像还不够
需要找个人分享，这秘密的快乐
才能成为合法存在
这并不简单，这个人
要了解桑塔格
要知道纯粹理性批判
最重要的，值得交付我们之间
特定的秘密

这仿佛私人定制的快乐
骤然掉落进昼夜平分之后的秋天

以德报怨

为了图一点私利
她设坑陷害朋友
人性如此黑暗
他不住地摇头叹息
多年的友情翻牌之后
写着另外一种解释
令他痛惜和愤怒
我说，如果真是朋友
就宽容她，损失的金钱
是对她的资助
而那些不堪的经历
是她帮你增长斗争经验
要感谢她
天地足够大
容得下友情再次翻牌

预言

我们谈论着一个精神病人
她病在她的爱情里
如果她病在权力里
我们都将成为精神病人
说到此处
我们不约而同
沉默了
仿佛无意道破的黑暗
提前来临

想到这场雨也下在你的窗外

想到这场雨也下在你的窗外
我便在窗边的椅子上多坐了会儿
所有和你有关的事物
在雨声中浮现
你看我的目光，和不看我时
吐出的一个烟圈
它们一样巨大
如我想要的一座山顶上的木屋
足够安放我所剩不多的生命和理想
我对这个世界索求不多
无非道一句晚安，然后又忘记
而你告诉我，我用手
说出来的那些话
你也听到了
所以，此时，我继续不说话
听一场雨下在我的窗外
也下在你的窗外

口哨

他在黑暗中吹了一个口哨
迅忽，尖厉的声音
一小块黑暗被划破
他尝试着又吹一声
黑暗又被扯掉一块
他开始连续地吹
那首乐曲
若干年后在课堂上被郑重解读
有人说是一头狮子在荒原上吼叫
有人说是鸟儿在枝头彼此安慰
吹响的一种古老的号角

2018的安娜贝尔

渝儿

问松

在史金松的树下
循古问今
手中的松枝如此逼近
针叶散失香气
一根根码在树尖
褪尽绿意
剩时间的记忆

沿满地的松针
寻到树下
剥掉皮的根茎白花花
盘一地
触摸螺丝拧住的树干

虚假木头
演绎真实的树林

头顶的月亮
闪着不太寒的光线
月亮的帽子拖着冗长尾线
松下问月
问一个现在的月亮
远古幽思
是否被锁在了铁皮房间

呢喃

我们的悲哀
就是人类的未来
后面站着一个人呐
一个巨大的人
暗夜里
草原像一片青色的沙滩
有人窃笑
有人不同意我的歌唱
早知道我认识你
知道你的人生多么不靠谱
不要跟我聊
你那不靠谱的人生
也许我们都是不靠谱的
不要流泪
继续吧

幻月

把一切直指幻象
我安心地躺下
即便身体还有针扎的痛楚
我的注视下
月亮褪去了它的想象

念

黄昏时分
四周一片寂静
时间停滞在兰草的叶尖
铺好瑜伽垫

抬眼看见一只灰喜鹊
我把身体站成树式
凝神
听叶子摩挲风
举手向太阳式
那只灰喜鹊环顾四周
纵身跃上树梢
傍晚的花园
斜阳探入金黄的缝隙
摘星换斗的指尖
点化鸟雀亮翅的瞬间
夕阳西照
草木气息
弥漫山水的空气

伤花

雪球
圣洁花瓣堆出雪片的山峦
月光美人
深春里开出夏季的繁荣
我的忧伤
一把拢不住的荣光

小寐

午后泳池
目光迷失在水波里

嬉闹声由远及近
没有拽住陷落的倦意

太阳悄悄探过遮阳伞
一点点长出带刺的手臂

阳光站在身后
一些光景

我猛然惊醒在
一记火辣辣的招呼里

"字"承

汉字
花团锦簇
迷宫纵深覆盖空间
刀斧凿出时间的缝隙

大地勾勒文字渊源
沟壑纵横拼接历史的表面
月光映照方圆大地
横竖都深不见底

花木竹林的世界
才子方知金戈围实了山川
撇捺女子用一只秀腿
成全一个锦绣河山

一泓东南山泉
冲泡遗留千年的枝叶
香气散尽岁月
水滴里都是山河的气味

冬

等了一个冬天
没有等到一片雪
北京的天气特别冷

呼吸间
寒冷钻进身体
硬生生
扎着心底

抬手
用掌心接住太阳
模糊的火球
散发遥远的光芒

用衣袖掸掸
毛玻璃一样的天空
让冬日的太阳
变得稍许暖和

风吹夜过
天空格外亮
像橡皮擦
擦出的迹象

北方的雪
今年下到了南方
北京的天空
剩一个明晃晃的天窗

2018的安娜贝尔

初夏的安娜贝尔

浓绿的花朵缀上了头
肥厚的叶子花茎特别壮
我给她喝茶
偶尔也有点红酒
我时常默念"你是我的小花朵"

回想她
一年年站在篱笆前
艳艳地笑一个夏
直到深秋
才换回绿油油的外套
等待我的收割

前些日子
六月雪
沉甸甸地飞舞了两周
来不及赴
花前月下的邀约
便洒落一地的雪片花

我盼望安娜贝尔
夏日里久久的凝望
除了太阳下的耀眼
她还是一丛月光的女儿花

在我心心念念的日子里
她爆出了花芽
在我一天天的等待里
她把自己开成了阳光下的遮阳帽

病语

陪孩子看病
顺带也让大夫瞧瞧我的过敏

这个秋天没有逃脱
鼻涕眼泪的命运
大夫询问了许多问题
甚至担心
不适宜给孩子听
没什么
我的身体像一个标准板
每日监测99分
早起一杯蜂蜜柠檬
一喝二十年
瑜伽普拉提
日常命题

怎么就过了敏?
西医说北京的天气
中医说
免疫力出了问题
每当呼吸困难
嗓子奇痒
便去意萌生
细数生活的琐碎庞杂
我又失去了勇气

寻找救命稻草
听黄帝内经
找医馆名医
仔细检查我的经络、脉象
他们很认真
连我长期练功的问题都说得
精准无比
我很服
期盼药到病除

搭我脉的手充满气力
进针稳准狠
疼得我瞬间小口呼吸

是不是以为我是练家子
能承受比常人多的凶猛手笔
一服汤药下去
便烧到39.7℃
一阵阵心悸
像血糖过低的反应
一整天就喝一碗白粥
和一口一口的中药汤剂

夜晚高烧
从手脚冰冷到四体滚烫
葱白生姜替代了中药
刮完痧
头脑变得清醒
躺在床上写了一首

爱的陈述

薛淡淡

新游戏

女儿看到床边的拐杖
好奇地问
这是什么
我说它叫拐杖
她又问
这么大的擀杖是干啥用的
我只好从床上下来
拄着拐杖从卧室往客厅走
走得太艰难
中间休息了三回
每次我停下
她都兴奋地大喊
加油加油

妈妈加油

爱的陈述

世界运行的方式
以你睡着或醒来为依据
我的生物钟也是

小区即景

我们小区不到两岁的男孩

已经学会手持打火机
擦出火苗
蹲在地上
对准一群蚂蚁
保持巨大的耐心
巧妙地让打火机上的火花
一朵一朵开在蚂蚁们身上

相拥而死

隔几年就有殉情男女
从二郎山跃下
坠入窟野河相拥而死

这一年春天传来的消息是
女的跳下去后
男的从山上走下来了

再后来
就没有人愿意去跳了

荣耀

女儿出生后
一些特别的瞬间
我会觉得
漫天的星星只属于我
不信你看
全世界瞩目的光芒
在她的眼睛里
根本无法遮挡

老屋

许春蕾

老屋

很多年没有声响了
老屋再也不会为一只碗的破碎
担惊受怕
房顶的野草像叛逆的孩子
肆意生长
燕子和麻雀住了进来
老屋越来越矮
月亮高过头顶

枣树有时候沉睡
有时候张开眼皮看看屋里
灰尘盖满了爷爷的八仙桌
每次下雨就更多一些

椅子上喝茶打盹的人失踪了
枣树还是春天开花，秋天结果
等待子孙回老家摘下
它有时候也提前落几片叶子
把耳朵贴在地上
试图打探祖父母的消息

对峙

一些光被黑夜放出，对峙就开始了
我和那个在路边拔草的女人，也是两种躯体
的对峙，她穿着黑色裤子，绿色上衣

上衣的空洞里露出整个干瘪的乳房
我无数次在镜中摸过自己的身体
那些花朵还叽叽喳喳地动着凡心

男人和孩子依次抚摸过她的前半生
那些摇曳的山水在一场秋风里被顽固抵抗
春天不再
一些草注定要被拔去
她的乳房，也像被吃完的葡萄皮
皱皱巴巴
多么像，我五十岁的母亲

我的母亲，也很少穿内衣了
甚至洗完澡，也学父亲，光着上身
在堂屋里乘凉，她们垂落
像再也不会敲响的门环，春去秋来
一些门关上，就注定再也无法打开

枣树

突然悲伤
落下那么多叶子
枝丫越来越长
试图盖住满院的荒凉
你找不到院子里吃饭乘凉的人了
他们临走前见过儿女
却没有告别你
实在忍不住了你也会问
扔一颗枣子落在我身

冬青

说实话
你比绿化带里的冬青丑
她们是整容化妆的都市女
而你就是一个圆嘟嘟的村里姑娘
爷爷把你捡回来栽种窗前
你从没想过逃跑

父亲在院子里翻土种棉花
爱惜土地的他没舍得把你拔掉

客路青山外

回家的路越来越近
近到我看到炊烟就觉得到家了
电话里，母亲说老家要拆迁
院子里的榆树再也没有春天
客车摇摇晃晃
山顶上的一棵树摇摇晃晃
故乡也摇摇晃晃
雪迟迟没有落下
天在黑着
一座山差点压了过来

舍利塔

得道的高僧死后留下舍利，便要承受
人世间无数的欲望，香客绕塔
告示牌上说单数为佳，不宜太多

佛看多了也会头晕，不如垂下眼睑，看阳光

扶住一朵小花
看塔上的蜘蛛网——一只蜘蛛如何练习吐丝
阳光下秋千纤细，佛不舍得大口喘气

一只猫趴在塔旁，闭眼，忽略脚步与尘土
有时候，佛也会打瞌睡。三岁的孩子蹲在地
　上数蚂蚁
香樟花落在他头上的时候，佛睁开了眼睛

放生池

二访栖霞，放生池的龟们趴在石头上
晒太阳，它们是懂得回收阳光的人，光芒
会让骨头长出新的骨头，我风尘仆仆
满身尘土，它们再也认不出我

下山的时候，池边卖龟的男人在池边钓龟
线上系一块肥肉，垂到水里
面对饥饿，龟和人是一样的
活着也是一种冒险

一只小龟被钓上来，它藏在壳里，一动不动
男人转身的时候，它跑到了水里，游出很远
关于陌生人，它和我一样，有种本能的恐惧

和一朵花相认

去年冬天，我们在嘈杂的小饭馆里
喝茶，食肉，面带笑意
谈论木心，谈论海子的麦子
是否有一株被遗忘在风雪里
我们也说到爱情，说到美与破坏

我说我疼，身体里的伤口无次序地绽放
水源枯竭，夜色弥漫
我不过是影子的自画像

而今，我只能在夜里突至的
短暂气流里，怀想
过于单薄的白，与过于浩瀚的风
和一朵花相认，当作是你
给它看我沉默的锈斑，分取它一小部分的甜

我们不过是被时间帝王流放的诸侯之子

我不能说想你，有些话语一旦说出
月光便会掉落下来，刺疼茫茫大地

夜

夜晚的蛙声像沸腾的水，响动不息
远处的动车来来去去，像我七岁那年
在乡间小路上的奔跑
天空水一般的目光，开始打量，包括
一只鸟的失眠，一朵花的败落
他甚至伸出手，接住了一片坠落的叶子
缓缓，叶子落下，一只小虫在它身旁走过
山脚下的灯光亮着，一扇窗子半开半合
风吹到这里，就停了

杀生

我们吵架，因为一颗坏了的土豆
你说发了芽不影响食用，我坚决扔掉
我们啊，两个写诗的人，在高楼

巨大的身影里，不过是两只寻找食物的蚂蚁

情人节，我订了一个六寸蛋糕，炫耀地告诉你
才花了二十二块钱。下雨，我步行去店里提
你担心，下班后打车接我，我却在马路上哭着埋怨
你浪费了，我步行省下的六块钱

你买来三条鱼，三十块钱，说新鲜好吃
我剥葱的时候，你正刮下鱼鳞
你说你从未杀过鱼，杀生都是为了我

汤姆叔叔的小屋

姜普元

她

她养猫

养狗

养花

会做寿司

和许多

养生美食

总是冷冷地微笑

身材姣好

准时上班

下班

没有一个朋友

和亲人

也没有年龄

准确说是忘了

光记得5岁那年

和一个同龄男孩亲吻

她的一条腿

因此

被打断

热带的孩子

村宴开始上菜了

这6个鬼头鬼脑的小东西

迟迟不愿上桌

他们围住一块用来冰镇

啤酒的
巨大的冰块
伸着小手
让它好好烤一烤
烤完手心
烤手背

去阳谷

夕阳又大又红
车子刚好迎着它开
我举起手机要拍
二嫚脱口说道
你等等
过会儿靠近点再拍
我还真信了
结果最后
拍到的
已经残缺

聊城

夜里下火车
站前路边
坐着长长的一排老人
我还以为他们是在闲玩
一走近
他们都纷纷站起来
"住旅馆吗？"
"住旅馆吗？"
手里扬起客房的彩照
你往前走

后面的就坐了下去
前面的又站起来
你像一股风
吹动了一片枯黄的
芦苇

聊城夜游记

她说我们的古城是宋朝建的
她说光岳楼康熙皇帝都上去过
她说看见摩天轮了吗亚洲第二名呢
她本来还想自豪地往下介绍
却突然间停住了
而她的电动车却明显开始加速
载着我们脱离了导航
拐进一条黑咕隆咚的小巷
她说真对不起
警察查车

雪

村民们累死累活种的
白菜
贱得要死
我在路边捡回一车
邻居又接着送来一堆
人吃不完
就喂鸡
鸡也吃不完
院子里密密实实
铺了满地白花花的菜叶
像突然下了一场

大雪

平安

给住在乡下的
岳父岳母
买东西
我去过几次的那家店
老板
给我一张名片
说下次你不用跑了
一个电话
我给你送到码头
我说为什么
他说你不是船上下来的嘛
我说你从哪看出来的
他说你一次都买一大堆
你们出海的
好多都在我这买东西
结完账
他说出海平安
我说平安

汤姆叔叔的小屋

哑巴孤身一人
想成个家
拼命建了四间
阔气的瓦房
但无人敢给他说亲
他的惹不起的
侄子

作为合法继承人
就住在隔壁
后来哑巴老死
侄子发达
房屋自行倒塌
成了
一堆垃圾

在菜市场

姜馨贺

相册

翻开第一页
是爷爷和奶奶
再翻就是
年轻的爸爸和
学生一样的妈妈
再翻
就出现了我
再翻
爷爷不见了

名字

外婆家
活了一辈子的鸡
突然都有了名字
有只叫大年三十
有只叫1月28拜神
有只叫姑表妹要来
还有只叫清明节
这分别是
宰杀它们
的日子

在菜市场

他把青蛙们
从桶里倒了出来
没等它们跳出三步
就被他一木板一只地
拍死
再拎起脚
甩回桶里
只有墙角那只
一动不动地趴着
就在我悄悄
为它祈祷时
一个长得很可爱的
小妹妹
大声地说
叔叔
这里还有一只
活的

村口的小男孩

他蹲在路边玩火
我问你多大啊
我8岁
你家一个小孩吗
我家4个
你爸爸是做什么的
在外面打工的
你妈妈也打工吗
我妈早跑了
说完
他又继续
开心地玩火

和妹妹睡在一起

见她一动不动的
我常常伸手
试试
她的鼻息
再继续睡

卖橘子的叔叔

他双手伸向太阳

活像舞台上
激昂的朗诵动作

其实他只想看看
刚收的100块
是不是真的

蜡烛

爸爸突然变得很和气
很闲
来找我和妹妹聊天
因为刚断网了
要是电也断了
我们家
就会点起蜡烛

美好未来

晚上
坐车回家
月牙特别亮
我正想着
那些接下来
会出现的好事情
这时
满满的一卡车
拉往屠宰场的猪
从旁边经过
靠着铁栏杆的那一只
狠狠地瞪过来
像是
在讽刺我

两面夹击

姜二嫚

鱼

鱼也会哭
只是它在水里
你看不见它的眼泪

回收

一辆回收旧彩电
旧冰箱
旧洗衣机
旧电脑
的三轮车

车主躺在里面
睡了
好像回收了自己

爷爷是个神秘的人

早上
在从没见过面的
爷爷坟前烧了
一本
我和姐姐的诗集
当天晚上
在梦里

有个人跟我说
很好看
很好看

神圣

听说全世界
每0.3秒
就有一个人离去
今天
他们把这一刻
给了我们村

夜行

深夜
我们穿越莲花山
爸爸说
最近山里有点不安全
如果有根棍子
就好了
我说要是有坏人
我就绷成一根棍子
你拿着挥就行了

两面夹击

天花板里
住着天花板里的小人
地板底下
住着地板底下的小人
他们彼此往来
都要经过
我的世界
但是我不敢得罪他们
否则
我就会遭到
两面夹击

盐村的老人

在家里看书时
窗外传来
一阵阵的哭声
好像是村里
有一个老人死了
但我不是本家的
不能去看
第二天
跑到老人们扎堆的地方
一个个看
想看看
少了哪一个

老鼠

半夜起床喝水
突然看到
一只大老鼠
我吓得一动不动
它也吓得一动不动
感觉就像
萧红撞见了偷东西的

有二伯
老鼠好像说
我找吃的
你不说吗
好孩子
我指着果冻说
那我可以拿
这个吗

编者语

骆家

诗人、《读诗》主编洗尘兄每次回深必唆海鲜。一个东北汉子，客居大理洱海边十余年，还是顽固惦记卅年前深圳打拼留下的海味记忆，跟同时期的诗歌狂飙印痕一样挥之不去。我小洗尘兄三岁，曾在他老家肇源的隔壁肇东市工作生活几年，诗歌有无沾染北大荒的粗犷、苍凉未可知（东北的那三年极少写诗），但下乡收苞米时，炖笨鸡和烤大鹅没少招呼。我以为那三年也属于为诗歌积攒营养吧。今年春，洗尘兄再来鹏城，郑重委托我组编一期《读诗》"2020深圳诗人专辑"。究其缘由，一方面他知道深圳诗人群体的含金量，加之我来深圳几年与诸位诗友多熟络（其实骆家以偏概全也没法认齐）；二来2019年初我为《读诗》组编过一期"北外诗人诗歌与翻译"专辑。但我认为更重要的是他借此重建他与这座海滨之城也是诗歌重镇的联系，并以之向诗歌共同久远弥新的青春挥手！深圳诗人专辑共收到29位诗人作品，除陈东东1首外每人4首诗，计录入113首。小记。

赞颂

陈东东

我唯一关心的是我的语言
表示对您的最高敬意！
——奥·埃利蒂斯

1

海岬在夜色里容纳了潜鸟。海岬更宽
像那个歌唱者奇异的嗓音，移动着让人看它
　的姿势

我早已离开白铁的房舍。我侧卧的堤坝
我远眺的树。我聆听大海的黄昏星之马
我离得更远，带着夏季唯一的记忆

发现时间是另一匹马

褪尽的海像女子入夜赤裸开躯体。这片海
倾斜，这片海倾斜平稳犹如信天翁
滑向黎明。它的阴影照耀着我

他们也离开了日出的屋子，在歌唱者奇异的
沙岸以北。他们带着心爱的水，响亮的胆瓶
带着他们珍贵的铁。他们从我身边走过
脚印在细沙上等那些潜鸟
沉静。我看见他们把夜色拽紧
用歌声描画回归线之晨

而在我背后，那些街道，太阳一样升起的季节
一支赞歌在节奏间跳荡

2

他是盛夏唯一的歌者。他的双眼
会让人想起雨中的黎明

那些从城楼出海的猎手，那些肩胛铭刻着
鱼鹰的船队，这时候已经追赶上西风
从月之哨卡拐进了洋流

他的嗓音，也是一间明亮的厅堂
日出的屋子，在蓝石之上
鸽子和每一个祭酒的时刻
叫卖的孩童和每一个临窗远眺的女人
在蓝石之上，出海的猎手遗弃的每一个黄昏都
展现，有如我入夜返回了集市
而一群闪亮的百日菊，这时正通过积雪的甬道

百日菊跳荡，就像节日和银灰的面具
就像愤怒的公牛出场

于是我斜穿过空寂的集市，去梦见他
他的窗下有嘶哑的陶罐，有沉静如同深海的歌

3

河流。塔。屋瓦上晴天
善飞的太阳
钟楼和钟。音乐
一个仆人到街上送信

鱼的鳞片。梨花。墙。风和
语言。生锈的铁门
黎明。红色知更鸟
一些自行车停进了阴影

雨季。几棵树晃动。灯
壁炉和炉火。苏武牧羊。盾
他听见孩子在楼下踢球。一头栗发
一头卷发。街道和笛鸣
月亮的橘子剥开了窗棂

阳光映照的桥。报纸。公园长凳
柔软。那头乌发。不知名的湖
水鸟。草。岸上的石头
酒。士兵和星期天
盛夏的海。下午。嘴边的姓名
木盆。水。街心塑像或马和夜晚
记忆。风琴以及风琴和歌手
他

远征军从月支带回了诗章

4

坐入盛大的浓荫之中，坐入铁色的林间空地
树的声音像他的琴，为我震颤四周的风景
树的声音像反舌鸟飞回

从山的那边，一大片灰色映衬着我
正当他的诗章成熟
收获的船队令黄昏丰盛

林带以外，顺着巨大的石壁向下
坚硬的海滩，几处雨打不到的地方
两块卵石生长出羽毛，饱满
随涛声变幻成疾射的潜鸟
两块卵石，它们也构成了他的双眼

它们也构成了他的双眼
俯瞰每一条狭窄的街，石头城楼
绿色门牌之下的午后
它们也注视枯坐的我，四周的风景
苍茫的海，他弹琴将它们勾勒的手指

这两块卵石也是诗章，敲打黄金的
时间之门。这两块卵石
像他的嗓音，奇异，到林间恢复英雄的故国

5

那些参加竞技的人，那些捕捉海豚的人
点火的人，开车出城的人
他们也是聆听的人，四处传诵诗章的人
以日出的屋子为姓的人
以日出的屋子为家的人

在这座城里，谁会赞颂日出的屋子？他
在这座城里，人人见识过海岬伸进海
人人梦见过，他太阳一样滂沱着音乐

今天我会进城去见他。日出的屋子
今天我斜穿过歌唱的地带，更宽的海岬
斜穿过鲽鱼和竖琴的庭院
今天我带着传诵的诗章，进城去寻访时间的
　　踪迹

今天我走到你的窗下，我去叩每一只嘶哑的
　　陶罐

6

当他赞颂了悠久的天空，金莲花闪耀
当他歌唱了黛色的海岬，归航的船舶有翻越
　　的鱼
当他的盲眼看飞鸟不动
信天翁、军舰鸟、戴胜和佛法僧

当他的季节在堤坝上出现，石头海蜇、涨潮
　　的太阳
当他，当他的手指轻拨秋凉，时间会凋零
时间之鸟又潜入深海
他的食盐，一本书打开

今天我会进城去见他，手中握一卷柔韧的诗章
我在另一海岸上注视，初放的百日菊归来的
　　形象
他就坐在他的树下，他日出的屋子
海岬间奇异着幽明的嗓音

他背后有每一种粗野的鱼架
大大小小的黄色汽车，防波堤上
各种尽头，我注目他，金黄船队
铿锵的颈项，星辰一样深陷的眼窝

我注目他，大雪纷飞的银杏树叶
掷起的长矛，镂刻蛇神的青铜盾牌
以及招展开鲨鱼布帆的火红的旗
我注目他，等待返航的天青色猎手
脊背僵硬，翼翅带血
被掳的使节历尽沧桑终得以回还

我注目他，日出的屋子，日出的
屋子，叩一个大记忆移动着让人看它的姿势

（1984）

注：此诗写于1984年大学毕业前后，近因潘洗尘兄约"读诗库"第三辑诗集，遂重新整理删改成现在模样。

先知

黄灿然

水龙头

我每天都提着
一红一蓝两个塑料桶
到村口路边那眼
用塑料管引出来的山泉
打水，每次打完水
我总是习惯性地
想顺手关掉
那个并不存在的
水龙头。

先知

楼下不远处的鸡鸭场里
不分昼夜，总有一只
听上去像公鸭的
隔一会儿就呱呱大叫。
我猜它可能是一个
太爱发号施令的领袖，或一个
太喋喋不休的异见分子。
也有可能，它只不过是
快乐得不能自制；但我宁愿相信，
它是鸡鸭中的耶利米
在呼天抢地
警告末日将临——
它那撕裂肝胆的呱呱叫

越听越像哀号。

一生

我发现我在新屋子里
大多数时候不是在翻译
和写作，或者看书，
而是在整理这，整理那，
并且兴致勃勃，而一个人
很容易就在收收拾拾
洗洗擦擦中过完一生。

间歇

阳光灿烂的早晨，
我一边听巴赫的组曲
一边做校对。在从一个音轨
过渡到另一个音轨的间歇
我听到楼上小男孩跟母亲说话的声音
——觉得这是我听到的
最纯粹的音乐。

那年夏天

莱耳

四月

除了美，它还意味着早逝或轻率
这脆弱的凋零
也可以唤起深刻的情感
春天的下午
一波又一波的湖水把阳光搅成一幅凌乱的绸缎
好像流动的蜜正等着被盛进养蜂人的瓶子
空气中是刚刚割过的新草的气味
这气味如此熟悉
好像当年在课堂昏昏欲睡
只有窗外的刈草声可以令你清醒
你在电话里说，那些怒放的都谢了，
除了几棵重瓣晚樱
我决定过樱园而不入

喝掉咖啡，沿着东湖绿道
穿过乌桕、薹草，和成片的东方香蒲
我们谈论衰老、记忆
也谈起水杉、日落和梧桐

初二

紫灰的云掠过污浊的玻璃窗
向鹦鹉洲方向的夜空飘去
在25层楼上，你听见车辆急速离开沿江大道
穿过红色又轻巧的晴川桥：
大年除夕，车流朝向你们在长江北岸的家而去
万城皆空。一个没赶上火车的人

在锦绣二路的麦当劳背对窗口

接受陌生人的请求，在一小片纸巾上

写下他的新年心愿

立春：一年中最分裂的时节

路上的洒水声总是让你无法入眠

这个衰老的城市正在醒来

你在老去，设想再次爱上她，是不是意味着

重新爱上你的青年？疾病裹着大火

寒冷被夜晚加重。波光被江水传递到很远

黑暗中，你陌生而孤独。你在你的身体之外

像一个与世隔绝的灵魂

正经历一段漫长的沉默时光

仿佛你和世界的唯一线索正在渐渐失去

就像你身体的一部分已经消失

世界之子

你们点亮蜡烛喝酒

有人死去

月亮从平安大厦上升起

她问他是谁

做过什么，写过什么

他终将被遗弃

他已经被遗弃

这个莫名新世界

她回到酒店发来短信：

我们点蜡烛

也是蛮灵的

那年夏天

你每天穿过钟家村的林荫大道

翻过朝宗门，江水寂静

好像鸟回到鸟巢。那年大旱

长江中的沙洲浮出水面

整个夏天，你骑单车在江上狂奔

好像能一直骑到世界尽头

你分辨出温润的泥沙向车后迅速退去

两岸的城市逐渐扁平

你的眼睛好像安上一对鱼眼

如果你能设想你已离家多年

你以为你再也不会回来

即使江水终日奔流

没过风中那些白色的芦苇

看电影《简爱》重播

从容

自由

我坐在他的沙发上
点上一根他的烟
在他坐过的马桶上
大声地咳嗽
像他一样刷一晚微信
拧开他喝过的白酒瓶
给自己斟满
打开电视看球赛
大吼两声
甚至光着膀子
看军事新闻
在空荡荡的房间大哭
我一会儿是男人

一会儿是女人

看电影《简爱》重播

我抹着眼泪
对孩子爸爸说:
要是也能遇见一次这样的爱情
就好了

他侧着身看着电视里的
罗切斯特
喝下一口白酒说:
你已经够倒霉了

还要更倒霉吗？

减法

雨水淹没我的城市
雷电笼罩的楼房总让我
想到一个男人在雨中关窗的动作
暴雨、警报、紧闭门窗、与世隔绝
我开始删掉手机中的联系人
第一个删掉的是一位董事长
他的壮阳酒正大张旗鼓地上市
第二个删掉的是一位广告商，
他在酒会上说，他曾经也是位诗人
第三个删掉的是一位童星的妈妈
那孩子的笑脸比成年人更迷茫
1000多个电话，我删掉了900个
已经离去的亲人，有时半夜醒来我还会拨号
死去多年的妹妹，她的QQ我一直没有删除
电视里的主持人拿着话筒焦急地报警
每个街区都有人正在失踪

我只想在每个城市留下一个朋友

殡仪馆王主任的电话
我考虑再三，决定保留

父亲

我对你的身体一直非常好奇
小时候，妈妈在讲"海的女儿"
你在帘子后面洗澡
我佯装睡着，希望看见你拉开布的刹那

像一个雕塑出现在我面前

可是每一次我的狡诈都成为泡影

2006年4月1日
你无助地躺着
男人们在一间水房里哗哗地冲洗你
我想象你的裸体
干瘪皱褶的乳头
无力的生殖器
我希望这世上没有人能看见它们

开往墓地的路上你身体发出的汗味
竟然和我一样
我搂着你的头
怕车颠簸了你

你的一缕头发被我放进化妆袋
也许有一天我会把它交给你最亲的人
对他说，
你还在

黑暗中，你的身体和我想象的一样瘦弱
无奈地俯视着茫然的我：
女儿，我多想帮你……！

半日谈

张尔

我们

我们从原路折返，沿着
黎明与路灯交织的暧昧之光
向着又一股深渊挺进，
天空灰霾密布
环卫工人拖起颓废的铁铲，
金属刮擦大地的嘶哑分贝
自沥青迸射而出，萎靡的热带植被
低垂惊愕的锯齿

尚有另一条路存在且通向
霞光漫涨的山巅
暮色贴紧海的前额，
群鸥扑向层层波浪起伏的皱褶

迟航的万吨巨轮卸下包裹，
将膝盖锚进冷酷的深水区，试探着
大海与天空对仗的无尽渊底，
那里潜伏成群的暗礁与水母

两只猛虎在笼中博弈，
一头战胜了一只
围观者反复涂拭沾满手指的血迹，
我们——
这集体中的一员，
沉默并屈从于权力的恫吓与威慑
身体失衡的重心企图触探
一架振翅的宇宙飞船

没有尽头，丧失的尽头，

没有丧失的一切尽头……
我们，仍旧沿着迷航的原路
折返终点的起点
每天清晨，大地浑沦沉睡，
立法者为天空描绘
矿物火红的云霓，正是自那
一如仪器般精密精致的一端

一头猛兽骁勇旁出但我们并不曾听闻

半日谈

骤烫的车轮沿着江边高速
将车灯喷向灰霾的建筑
仪表拉响逆风警报
如果没记错，下一个桥墩
又一轮急转将迈过飞鱼机场
风光的无限
你拨开镜片，揉摁眼底黏连的海市蜃楼
右眉轻扬，恰巧接续上那里乌有的
翩翩鸟翅般的唇翘
此刻，电动车窗徐徐摇落
升起探戈的羽毛两瓣
精致的玻璃裸露着你们
蹊跷但也完美的嬉笑

鹿

哥伦布进入秋季的某日清晨
草坪间松果零落，大地空无
两只小鹿自矮丛中各自探出
它们的头与臀，它们机警又缓慢

间或往相反的方向碎步腾挪
远望去，鹿之尾鳍坚硬且短促
雨露从灌木的枝条上滴落，快速
滑进它们略显蓬松的毛与皮肤
继而又呈滚动之势，向草坪涌聚
道路起伏尽头的低坡上，她
站在她姑姑的房前声色不动
眼中静止亦是鹿之所见

鱼游，六月十日过长江

此刻，江水流过耳侧
像横躺在南北两岸上一具无名尸体的右肢

二十年过去，它湍急如初
浪花击打着浪花

也击打着一个人胸中，莫须有的恶
面前的镜子照着空空如也

被水银湮没的身体
乃是一种绝妙的讽刺，由此构成了

诗歌的修辞。逃脱黑暗
天空仍会启明，我之不幸

是明晨乘坐撒野的火车，从一节内心耻辱
的车厢，向着另一处奔赴，奔赴

汽笛声响，照亮岸旁
杨柳的孤独，鱼群依依向江中游去

大象诗社传奇

阿翔

七月烈日传奇

七月流火，梅林一村进入
高举牌子的角色，凝固在快速的未来，
忍受着烈日在空气里弥漫
但很容易辨认的手势。如果我不凭推销术，
又如何理解巷口淹没在蔷薇花丛里。

喧嚣显得像波浪，被人流勾勒出，
仿佛记忆比水泥还炙热，它脱离了队形，
不缺少锦簇，甚至还落后于
一个界限，一个很奇妙的时段
比顶着烈日来得更真实。

就在旁边，我还欠波浪一个绚烂，

或者说七月欠我一个不易觉察的旅途。
可以点缀距离的深意——
稍有差池，便是意味着枝条
最终沿烈日遭遇黑暗中的挣扎。

而我在夏日里独爱自由，就好像
它接近于刺目的漩涡。那里，梅林一村
有很多的背影，酝酿着更深的暮色，
包含工作的变迁史。加冕的房子
奉献过不止一个奇迹。

时间挤进时间的缝隙，犹如广告牌
释放出积蓄的隐喻：符合和我们有关的
人生角色。烈日的波浪在处境中
寻找突破口，除了风景，更多的世界

随着波浪从现实涌向了内心。

龙岗：1998春节传奇

暗夜围绕着晚会，它的位置在
龙岗的1998年，经历了起伏的选择，
绿意比细雨显得迟钝，它刚刚

梳理过命运。我们如此遭遇晚餐，
多数情况下，孤独很容易见底，
即便撑着伞抵抗雨的幽深，反而还

反衬了无名的伤感。唯有家，
深刻于归宿，掩盖着音箱所带来
震耳的效果。我不确定上班的女工

是否能理解这些？她也在每个人身上
看到了相似性，闪光的部分
更突出1998，倾向于美妙的颤栗，

也不是不可能，就像人生的气候
用另一个气候指出我们能包容
几个压力？但有时，比起春节在龙岗，

意味着离家千里有太多的你，
仿佛进入一个陌生的角色，足以
兼顾火车驶向辽阔。在这里——

时间最新的伤口终究不过是
被花海遮掩，更深的远方
在寒夜变得更锋利，融入我们身上不朽的故乡。

天使的眼泪传奇

此处的微雨，用忠于你的方式，
确保比它还深刻的距离，随身携带的
暗夜，幽亮得犹如波浪的低音，
意味着它在你的生活从未误入歧途。

低于过早的落叶。直到你证实
我们的交流比饕餮的本色仍然有效，
也只有在提前的波浪中，探底
才能获得你更好的潜行。

从真实到虚无，其实超过了
全部的安慰。以至于你在想，麻醉
是暂时的，它在我们之间不参与
对世界的偏见。正如你看到的——

黑暗获得大雨的般配，一点也
不逊于天使的眼泪。其次，天堂
同样保持着黑暗的距离，群峰的致谢
仿佛你低头认出了你的源头。

遥远的味道始终呼应着记忆的
正面和反面，极少改变地貌的隐喻。
也有例外，在你对天使提出要求之前，
天使曾以眼泪照耀了你的照耀本身。

大象诗社传奇

它的出现不过是偶然，
仿佛漫不经心在我们身上阻止了垮掉，
比冬天还懂得怎样利用深渊
来暴露诗的行踪。一个隐秘的起点，
既能混淆我和你在远方的界限，也能

区别出我和你在落叶间的不同。
此刻，也许你是对的，精神

不因雾霾的长时间而分裂，
这的确是侥幸，但不意味着我们的漏洞
不会一览无余。我确实表示过，
仅就写作的馈赠而言，用十二卷
《大象诗志》，可兑换十年茂盛的草木，
就像从前的礼物，在我们之间
肯定有落叶的影子。或者说，

诗，先于你的虚无超过了黑暗中的
写作，仿佛不这样，我们
欠它的一笔债务没办法偿还，
难免会给神秘的乐趣打了个折扣。
至于挽回生活的面子，则取决于
我们的遗忘比整过容的时光
更深刻。有时，我更愿意

表达的是，诗的反方向加深了我们
对它完美的认识，正如生活
有那么多的泥沙堆积，越是清醒，
就越容易判断出我们孤立于
诗的镜子。表面上，我欠你
抒情的反光，倒不如说，我欠它
暮色中漫游沙滩的倒影。

注：大象诗社，其实取自"大音希声，大象
无形"之意。

二月

梁小曼

旅行

蜂巢状的镜子胸腔
洁净的、发亮的地板上
只比天空晚一点抵达的
鸟儿落下，飞走
我们在延迟的期待里闲谈
疾病，如何
进入衰老的身体
疾病，和世界一样古老
鸟儿落下，飞走
电视机里一代伟人正在
缔造东亚的历史
我们开始拉伸腰肢，示范
筋骨之术如何纠正肌肉的生长

耳蜗响起乌托邦的音乐
我们开始服食超现实的药丸
电视机里领导人握手，向群众挥手
我们谈论疾病像谈论政治
或是索尼新款的耳机
落地窗外由燃料发动的庞然巨物在等候
灯塔迟迟未发出信号
鸟儿与人保持着节制的距离
这一趟飞行，是所有飞行的其中一次
正如这只鸟儿，是所有鸟儿的其中一只
它的目光如此新鲜，晨风正吹过灯塔
与闪闪发亮的机翼
那也是一种乡愁——
无所事事的我们
在这个多瘤的身体里逐渐丧失声音

十一月

热浪只在夜晚消退，大海摇动
细密的汗珠覆盖绒毛，星辰何曾来过
密室禁锢的宇宙，因凝视而虚无
史前的星球，暴龙曾是它的主人
如今塑胶蔓延，塑胶奶瓶，塑胶娃娃
塑胶人——塑胶微粒进入我们血液和大脑
史前的星球，暴龙死于寒冷
我们被冬天的热浪裹挟，大海摇动
涌向眉额，在那里禁锢的一个宇宙
一望无际的海雪正在落下

二月

——写给东东

粗颗粒的赫鲁晓夫与梁祝
昏暗的房间里唯一的亮光
在逼仄的楼道笑谈傅先生的轶事
旧事缠绕，分不清皇历的哪一页更革命
唯有纵身一跃，自沉泥沼的命运交响
和一个发疯女人始终在甜糯的开篇里
让一颗赤心淌血，因而更红
你却天真烂漫，独自占有着母亲
最美的容颜，后人只能从一部电影去
回看，像父亲八十岁的回望，总算
进入和平的年代，尚未发疯的女人
革命爱侣留下的黑白照片
那时风华正茂，战争的阴云已消散
吴音袅袅，水袖舞动，好戏却在后头
梅雨落向弄堂，老虎窗和衣裳
阴沉的天空下有一棵金色的腊梅
屋里轮回播放佛乐，安抚着
一个无神论者逝去的赤心

春分

密云遮掩山巅
墙壁变软，台阶湿滑——
她差点摔了一跤
春天分开一个日子
和另一个日子
山雨已经呼之欲出
却在犹豫，应否向大海走去
那里一无所有
只有灰白色的时钟，它滴答
滴答——曾将你吸进去
那乌有之乡，布满血腥海藻
连风的味道都是潮湿的、无力的
像此刻迈不开的双腿
她望向山巅的密云、道路、大海
遥远得像海王星——
山雨已经呼之欲出
这逼近的雨意，让事物
停顿，怀疑——
然而，又能失去什么？
那里一无所有。

陌生者

太阿

蛇

有预感，在重上高速公路后不久。
前面有一条蛇——
白色的面包，车，在游动，
左摆右晃，令潜意识降速，慢慢尾随。
白色的下午——阳光——线——
道路想超过时间，摆脱蛇的幻觉，
莫名提速，快车道，一秒，两秒……
但似乎无法摆脱——哐当，一声异响，
蛇头咬住了屁股，浑然向右滑去，
一秒，两秒，空白忘了踩刹车板，
冲向没有护栏的红土山坡。
于是白蛇变成了黑蛇，
扭动，旋转，一圈，两圈，三圈，

可怕的幻境又出现——
时间停止三秒，大路四脚朝天。
最终，上帝之手扼制住了黑蛇，
白蛇慌张逃跑（它能跑出恐惧的边界？）
被翻转的孩子推门爬出，没有尖叫，
他们不知道蛇，或从未发现，
颠倒的天空没有丝毫血迹，
完好如初的晌午如滚落在路边的橙子。
我站在晕眩的光中看地上弯曲的蛇——
车辙，又开始怀疑蛇的存在，
但从此丝毫不怀疑
好运确实如善良一样存在。
当天气开始变坏，友情上来接应，
警察熟视无睹的瞳孔放射出惊奇，
他们有证据，确定发现了蛇。

阵雨或足球记

"阵雨从什么时候开始的？"
不知！我在回程的路上就经历了乌云和骤风，
被给予很多停止的间隙，如同许多世纪——
我可以喝一杯咖啡，儿子可以踢一场足球，
女儿可以在去英国夏令营前补习一堂课，
命运给每个人不同的喘息，
只有世界杯，暂时把时针调为一致。

我承认对阵雨和对足球的了解很肤浅，
就像大多数人对世界和自己的认知。
我能记住的球星比六岁的儿子少，
亲眼见证过的国家早已跟不上女儿的地理学，
但偶尔看一场，赌一下，必赢！
——直觉的触角能穿透沉醉的丛林。
今晚决赛，克罗地亚与法国，
最小的坚韧与最快的闪电对峙，
胜负完全靠运气，没有人渴望虽败犹荣。

时间爬过忍耐了雨水很久的忍耐者，
我在阳光里将祝福发在朋友圈，
火药桶引来一片惊愕，沉闷的空气中
阵雨又落下。而这回我不再带伞，
童年早已结束，出发时的路径再次重复——
直奔两百米进入地下铁，五站即到深圳北。
当我坐上G638次、1车1A号商务座，
鸣笛，出发，又一个世纪。

选择祖国的人已经入场，可比赛还没开始，
眼睛和玻璃被雨水浇得模糊不清。
我平躺下来，双腿开始昼夜交叠，
想了想，仍不能替天空回答：
"阵雨什么时候结束？"

夜行记

在蓝色与黄色暴雨之间，云与雾覆盖群山，
水汽升腾，裹满道路、车和长城，
"国家一号风景大道"就这样启程——
一路会有峡谷、森林、鹿与惊慌的鸟，
有寺庙、白塔、避暑的山庄，
而今夜的归宿是木兰围场、草原大帐，
七个小时，风雨追随，黑夜很快降临。
我想，在一个接一个的隧道之后，
天地将变得平坦，星星变得多情，
醒来时，一定有一个美丽的朝暾
照耀丢失的牧羊鞭、废弃的马车，
但绝不会听见辽阔的鸡鸣。
那么，现在，继续忍受屁股的疼痛，
叫司机慢一点，再慢一点，
如晦的道路上小睡一觉，再小睡一觉。
没什么紧急的事情，也无爱可恋，
喜出望外的事情更无须奢想——
雨刮器擦亮的心在黑暗中铿如马蹄，
所有的诗篇都是旋转的车轮，滚滚向前。

陌生者

柔软的地毯尽头，长廊推开两扇门，
蝴蝶兰在玄关聚光灯下凝视一个陌生者。
乳房与臀部翘起的女服务生在前，
把行李箱拉进总统套房，递上热毛巾和红茶，
他的目光游离于向上生长的曲线，
薄薄窗帘如同她的白色上衣，阳光透入。
他像一个雄鸡逶巡繁花的原野，
灯光一盏盏被摁亮，点燃沉闷的心，
他熟悉窗外的世界——绿色的高尔夫，
灰蒙蒙的海涌起潮汐，很快被黑暗挽留。

他将独自享受三百平方米的宇宙，
每一件器皿都如海风发出的轻微叹息，
寂寞如黄金深不见底。
他的目光愕然陷入巨大的圆形浴缸中，
墙壁上唐朝的美女正宽衣解带，
他迟疑片刻，突然转身，
不离不弃的影子在慌乱中回到沙发上。
他说："谢谢你，你可以走了"，
她面带微笑："你先休息，等会再来"，
像一只骄傲的母鸡掩门离去。
他满怀失败地打量金碧辉煌的胜利，
开始细嚼一路上发生的小插曲，
以及金色的稻田、金色的玉米，
一切渐渐平静，比如革命。
于是又站起来，在房间里踱步，
然后迈至数十米长阳台上，
摇椅、秋千、咖啡与茶，侧耳倾听的脑袋
发现欣然接受、怡然自得的秘密。

让伤疤长成自己的眼睛

远洋

悼白桦

当初，你给自己取名叫白桦
也许只是希望——
在文学园地里
成长为一棵笔挺正直的树
绝不会想到
经历几十年风雨霜雪
在你这棵树身上
会留下无数个伤疤
生前最后一次接受采访
在你淡淡的讲述中
还有隐隐的痛
但更多的是深深的爱
你已谅解那些讨伐你、戕害你的人

你已看清这个世界
仍然满怀苦恋般的感情
你已真正认识了
"太阳和人"以及你自己
你甚至感谢他们
因为那些伤疤
在晚年，终于长成了
你自己的眼睛

半截铁轨

半截铁轨
挂在老柳树上

权当作校钟

召唤我们上课、下课

更多的是集合劳动

开批判会

那时农村小学

实行半日制

我们都被当作半个劳力

早晨和下午干农活

上午上学也不能歇歇

有一个同学

因没有到校参加挖山造田

就是在这生锈的钟声下

被宣告开除学籍

断掉的铁轨

每天一遍遍提醒

并教导我们——

没有远方

也没有开往远方的列车

黑屋子

黑森林？黑屋子？

蹀躞着几个鬼样的人影

是在下棋么？怎么互相

把刀子捅来捅去？

没有厮杀声，看不见流血

听不到叫喊，也不闻呻吟

闭上眼睛，睁开眼睛

总是闪动着刀光剑影

如此漫漫长夜

仿佛永远不再天明

几个鬼样的人，在一座小黑屋子里

杀得你死我活，难解难分

一直沉默而凶狠地

互相捅刀子

杀来杀去

反复重演，这一个噩梦

这一个没完没了的噩梦

醒来，我的胸口

似乎挨了一刀——

竟无端地深深疼痛……

南澳海鲜

窗口吞吃着一叶叶白帆。

坐在窗旁，餐桌连接着大海。

牡蛎，扇贝，濑尿虾，龙虾，石斑鱼

和八爪鱼，几乎活蹦乱跳地被端上桌来。

用舌尖品尝原汁原味的新鲜，

它们随身携带的点滴海水，

加上一丝腥咸的风，

就是天然的盐和调味品。

看这家名叫"兄弟"的餐厅，

不见兄弟，只有几位或老或幼的女人，

跑上跑下，十分殷勤。

她们说，眼前这片海，也是当年逃港的一条路。

我不知道如何能泅渡滚滚波涛，

穿越漩涡和鲨鱼——这暗藏凶险、处处

是地狱深渊的辽阔无垠。

偶尔，从窗口掠过的灰海鸥，泼妇般尖叫着，

叱骂着，似乎抗议从它饥饿的口中夺食；

而黑色闪电似的海燕，像是倏忽间

从海底冲出的幽灵，钓起深深埋葬的记忆，

在海天一色的蔚蓝中，不协调地，
呈现某种尖锐的提醒。

我们全然不顾，埋头进餐，
仿佛替那些多年前葬身鱼腹的兄弟
索偿大海的欠债，
活着从未活过的余生。

鲁迅先生

樊子

鲁迅先生

从来没有一个人搬一把坏了的椅子给先生坐过，
先生一直在一把坏了的椅子上熬夜，写文章，不停地写黑色的夜
从来没有一个人给先生烟斗里放点甜糖，防止他愤怒。

这是我要在一本叫作《先生》的杂文集里准备写道的：不是先生脾气不好。

青石帖

青石啊，枯蔓层层是在阻碍流水，锡尔河的春天还
乔枝郁郁，而现在正是盛夏，皑皑的雪堆积在天山的屁股上
我们不能开天山的玩笑，不能让熊和乌鸦在天山的屁股上徘徊

熊是一种愚蠢的重量，乌鸦是一斤的黑色

青石啊，依连哈比尔尕山是一个符号，我用我的肋骨保证
我曾经见过一只民国时期的驼队走进依连哈比尔尕山的岩石褶皱里
在一个旧的影像里，枯蔓层层是在阻碍流水
皑皑的雪堆积在天山的屁股上

青石啊，黄金代替了诗歌
当熊与乌鸦安于秩序，草木樨，羊茅，和苜蓿露出了
翠绿色与浅红色
一列绿皮火车不会穿过橘红色，这是我早年希望看到的场景，包括
一群病弱的搬运工，粗糙的花岗岩和细微的尘埃
晃动在他们的背脊上

青石啊，我说不出墓地和墓碑的差异
要是我一旦陷入灰色的安静，你即刻可以藐视所有的流水和明月了

祈祷词

穿过矮桉树与一片荒芜之地，我是蜿蜒的河流，十分地疲惫
天空中的鹰收拢了翅膀，像偌大的铅块，有随时坠落的可能
就在我变老，变得迟缓，有一大群人在消失，他们
于昨天的夜晚就开始消失了脸庞、肩胛和膝盖
他们，不愿意带着我继续行走
我现停顿在黎明，知道如何去博得良好的声誉了
"赞美已经没有苦难的人们"
我剔除了汉语中的阴影部分
所有消失的人都能够再干干净净地转回身子来。

呼喊

在明媚的春风里，实际上，我遇到了糟糕的山路和死亡的燕子

它们肯定也会被你遇到，你向来忽略这些弱小的事物
一列火车带着呼喊从一个山巅到另外一个山巅
一条蟒蛇也会带着呼喊从一个山巅到另外一个山巅
咦，我分辨不出伟大事物的情怀，你让我坐上这趟列车
让我骑在蟒蛇的脊背上，这依旧是徒劳的
我在泥泞的山路上走久了，疲惫，麻木，迟钝，甚至
忘记了耻辱和苦痛，忘记了流泪
甚至忘记了我的手搭在你的额头上，让你
像君子一样仰头看什么大海
看什么阳光。

父亲节

一回

父亲节

一直讨厌过节
更讨厌别人给我过节
我想我除了生日
也没有什么节可以过

一大早
依然接到两个儿子从深圳打来的电话
"父亲节快乐！"
而此时我正在老家
和八十三岁的老母亲促膝谈心

我的确更愿做一个儿子

保姆

毛小红，25岁，陕西紫阳人
孩子5岁，跟外婆过
男人在唐山挖矿
这个10月4号到达
10月14号就要离开的保姆
准确地说只做了9天
原因是体检查出
是乙肝携带者

知道这个结果后
她在我老婆面前一个劲地哭着说
姐呀
我自从出生就没有查过血

我要是早知道有这个病
死活也不会到深圳来
害你们

染发

白发渐多
拨不过来
小李飞刀的李师傅多次怂恿我
"染染吧，不是特别黑，跟真的一样！"

说的次数多了
这次也就随了他
一个为了多赚点钱
一个为了更年轻

后来效果果然不错
回到家
独自在镜子里照照
甚至吹起了口哨

算命

一九九五年
出门打工半年
无功而返
第二年
又要出门
我妈说
找南门楼魏瞎子算一下吧

魏瞎子说

过完正月十五出门
南面
简单明了
依计而行
果然诸事顺遂

二十年过去
历无数事
无数人
年欲半百
依然内心忐忑
妈也死了
无人商量
南门楼的魏瞎子
是否健在？

青梅园所在的位置

旧海棠

这尘世

小鸟已经啼啭了一个清早
它反复从一个树枝飞到另一个树枝
它焦急，没有人能明白它的意图
我能做的只是往露台上撒谷粒
引它来食
它显然不知道这是我为它唯一能做的事
它依然用它的方式表达哀愁
我猜想，如果它的同伴死于巢中
我又能为它做些什么？

这是我无能为力的尘世
我们只能过自己的生活
只能互相祝福

青梅园所在的位置

紫荆前面是异木棉
那一片，异木棉最高
树身上都是刺
花是白色或粉红色
花现在正在落
纷纷扬扬
站在树林
左手边是情人桥
右手边是荷花池
前面是长着一圈水翁的荔湖
青梅园还在前面
要一直往前走

春天

已经下了七日的雨，
即便再下两日
也没什么。日常的生活中
我们何尝不是早已习惯悄然叠加。

一只春蛾冒雨脱茧而出，
然后把白蜡似的卵一粒一粒藏在树叶底下。

我在屋里忽然起意，
想要见一见你的容颜，
想要把群山揽入怀中。

体验史

我坐在花园的东边
是为了看西边的黄昏
太阳落下去了，余晖成了世上最耀眼的光明

我坐在一棵李子树旁边
我，长椅，李子树被奉献了三个月硕果的桑葚树
包裹。因为对彼此的诚意，我们很快融为一体

黑暗从西边来。它逼近的姿态像胆怯的蝴蝶
它弓着腰，有犹豫的翅膀
看着我的眼神忽明忽暗

模仿者说

赵目珍

狂人

他一言不发地坐在那里
疯言疯语的人早已离去
在此之前，他本来想昂起脑袋
向他们做出一种真理在我的姿态
但突然间，他安静下来了
他发现，那些被视为疯子的人
他们所说的话虽然听起来毛骨悚然
然而却能让人清醒，并且变得果决
他们不具有神秘的色彩
有时候甚至让人无法忍受
然而现在他居然欣赏起这些狂人了
这些粗鄙的狂人
他们说尽了不三不四的风凉话

然而一旦你了解他们
你就会沉浸其中
长夜漫漫也会随之消解
然后一切都变得清晰和完整起来
此后，你将趋于另一个世界
与那些最难相见的人或理念重逢

旁观者

无论何种事，在表达意见时
她总是略带讥讽
但她又的确是个难以捉摸的人
她总是在表达完意见时

就转身离去
从来不与人辩论谁是谁非
她的这种不与人争的态度
引起了很多人的好感
只有一个人对此颇为不屑
认为她故作高深、故作姿态

对于这么一位有限而又时常
吐露出"震动"之事的人
我能够理解她为何会有这种做派
她之所以不愿意在别人面前
谈笑风生，或者完全缄默
与她长期以来的半孤独生活有关
这些年来，她的思想精进了许多
只可惜每天与沉睡者耳鬓厮磨
对于胜利感，她早已变得怠慢和麻木
对于敌意和冒险，也早已有了腻味

模仿者说

在任何时候，都可以心存侥幸。
郁闷如果起作用，便无任何人能够阻拦。
捶胸顿足，或者遍绕篱墙，
或许对将信将疑是一个大逆转。
不过也可能被当作是另一种形式的丑态百出。

多么不可思议。
一场防不胜防的雨水，还未带来什么声色。
有人的内心，便嘤嘤然呜咽起来。
灰蒙蒙的谎言，与或多或少的暗示互相推勘。
受攻击者，已经七窍生烟。
而委婉的艺术，在于留白。

事情当然不可能就此完结。

奇异的世界，让人在生活的琐碎中形同陌路。
聪明的人，大都止于点头或者寒暄之交。
是没有人能看清那些荒唐的嘴脸？
还是绕来绕去，都成了尽人皆知的秘密。

醒来者

他从未有过如此惬意的清晨
将近拂晓的时候
是鸟声把他惊醒了
就像是上苍的恩赐
这种愉悦感让他空虚的内心
有了极大的自信和满足
只是他无从分辨
这叫声来自一种什么鸟
但他已决定不再局促于一隅
他要走出这狭隘的空间
去森林中聆听更加美妙的乐曲
于是他慢慢清洗伤口
刮去几天来长得几近疯狂的胡须
穿上自己最满意的衣服
当往镜子前一站的瞬间
他居然被那个虚幻的自己惊呆了
这个在概念中既清晰又模糊的影子
就像是一个与世隔绝的陌生人
多少年来
他一直困守孤岛
被海水包围
如今他醒来了
一切不安的过往都已失传
这时候他看见了天空
看见了大海
看见了大自然中的一切
这时候他对待一切都满怀敬意

他不再是孤独的观众和评判者
不可思议的事情正在发生

荷尔德林的忠告

吕布布

找到西绪福斯的宗教

在手机上拖着一辆空车的人，
从热气汹涌的心口驶出。

秘诀刚融化，肺里还潮湿，三只句号
或许还挂在无明之中，
有密有虚晃。

结局与结局交关，再形容些什么？
伤心与自尊心一博，
语言已逆行下车。

荷尔德林的忠告

在神的记忆里
热情的人总是带来坏消息
失意希腊或满街跑的子猫
欲望已揭开快快不乐的海岛
大师离开这反常之地
能够一同远航的运气
总被粗心的海风消灭
重建海岛而非梦想遥不可及
崇拜铁路和不堪忍受
骤然到来的死亡的人
总有一天深沉地散步于野花相拥的铁轨
眼见海洋移向了陆地
诗为圣业的岁月一天少于一天

新的领域人类不会再向往

你糟乱的心在等待
有一个奥登来开个好头
然后再奔往你最关心的那几个人

来自目录

一个处于敌对秩序
朝整体不断呼声反抗
并能承接住无邪诅咒的封面
底下亦如自己亲手写下的目录
那些勤快密集的短语诱人
它们各自的文本
究竟该如何演绎、又如何发展？
想想再往后翻
停顿中
构思惊喜地叠加在原句之上
思想的栅栏和警卫纷纷出发
而灵感在拦截中已适应新题
果真目录比正文更能激励
此刻的行文、学习与困顿

犹如不在节日里

十月的薄荷开始木质化
忘掉天空，密林或大海
房间在通明中培养你
夜里随时进入写作的能力
忽然的慌张意味着
有一个无法改变的原始的你
来自北方的血统
母亲意味着你的童年
散淡的黄河的空气
现在这一切都在你的身边
三本书同时阅读意味着

反季节

笑嫣语

命题

旋梯升起时，我捧着布拉加的诗集
坐在晨风里，面对深蓝的背景
封面延伸的记忆，独自在风中飘浮

寂静的远方，一条小路走在封底的
回声里，翻阅村庄的内页
从闪光的诗句中，走出身背画板的女人

金色的波浪披在她的肩上
形成一道文明的弧线，隐喻的事物
拉长手中的丝线，缠绕在花丛中

从屋顶衍生的变项支流，驶向有光的窗口

在劳作的学苑花园，一幅未完的水墨画
在白色站台消失后抵达远方

将是生态学不曾给出的答案
为种植透明的愿望，一座图书馆
设计了新鲜的剧情

站在十字路口，给一道陡坡落款的人
正接受新的锻造，而在棕榈树下
切割机为谁发出了第一声长鸣

反季节

风马不相及，持桃剑出行的人
陈于心底的不是一段漂浮木
弹奏的故事，从清江绵延的流水

以雨的形态漫过八百里
谁在谈论一种助词表达的时态
落入枫香坡，像语言接近行动

写下"一个人的草木诗经"
就在侗乡寨，平滑的雨滴自亭檐
深入腹地，野枇杷站在茶园之上

泛着盈绿，在理解的横切面
六碗茶放牧的浪潮走过风雨桥
倘若雨水消弭于灯台树丛

风起时，一只山雀在树梢
封存火焰，需要自然主义者
积攒更多经验，而寂静

于碎光中，打开一座寨门
作为追寻者，我缓缓拉开手风琴
移动渊圃般的天空

图案

银杏叶在手中翻转
这让清晨在长久的停顿之后
有了一个向上的坡度

三明治和咖啡留在靠窗的位置
回忆一场雨，俯身秋天低处

来不及取走的光线，把残渣和果屑

一并沉入杯底，它们游弋雨波的
琴弦中，如同落叶消瘦，孤单
站台外，有关栏杆的命题划过车窗

年幼的鸟飞不过房顶，而羽毛相信
轻薄的假象，玻璃上的雨水
任风不止，正如你所见

就在谷地深处，到底是怎样的手指
模仿伞柄，在风里叩响门环后
像你一样，进入一面平滑的镜中

那一刻，去往安托山的地铁
在新生的隧道里驶过，当雨水
融于自我时，我还记得它鸣笛的颜色

信 笺

灯光在另一种秩序中复活
白色栏杆是梦游者缔造的宝石
有多种可能性，汽笛提前到达

一条路的静寂延伸了虚无
我闻到落潮的气味，在返程的接驳车上
没有人说话，也没有人走动

我是不协调的风景，紧贴玻璃门
我看见弗洛伊德的手回到天花板上
白炽灯悬挂另一种本真

若隐若现的蓝色屋顶，还不曾出现送信的人

风暴握在想象中，移动的海面上
我还不能放下唯心论

随着波浪升温，春天站立时
我打开第一封邮件，重建一座宫殿
灌木丛衔接光影，等候在凯旋门前

而黎明浮现，卑微的使者成为一束光
当鸥鸟成翔，我在长满青苔的海岬上
与你交换沿途的黑暗

画梦录

赵俊

画梦录

天皇的弄臣，准备置我于死地
在日本海的礁石上。浪花准备
将身躯埋葬。渔船的风帆吹起
东京隐忍的一面。刺刀暂时收起
锋刃之舌。它没有舔向我的颈项

此前，被关押在集中营的我
想象策兰的写作的意义。时间
在梦的光束里发生了扭曲。物理学
失效。重构的时代和人物在讲述
那个被梦的磁石吸附的"我"

食不果腹的桥段，还是照例会

出现。死亡恐惧和依稀射进的阳光
在逼仄的房间里交战。曼德拉踱步在
罗本岛的牢房。夕阳曾亲吻书本之唇
而我只能在孤独中，欣赏箴言的羽毛

在这里，只有一盆清水仍眷顾我
抚慰发肤。等待着清脆的喊叫
当天皇传唤，并打探江南的春色
他的笑容变成了赦免令。而弄臣
在一旁倾听。他将冷冻堆积的笑意

对天皇的好感，是求生奴性的无花果
在梦里幻化为轻盈的蚍蜉。它将在
片刻后消亡。日本海发亮的早晨
引导我落入洋流的甬道。那里栖居着

无眠的海豚。引领我走出梦的海沟

为什么在梦里我们能自由对话？语言的
所有可能性。因迷离而生出盲肠
呼喊不能过于迅疾。否则痛感神经
会发出红色警报。当梦被涂上颜色
真实世界和它的隧道，将迅速贯通

在桃花的尸床中穿行。那时候
他们还不知道，在深山修炼的法海
同样迷恋这一树粉红的骷髅
当他们褪去浮华日子的罗衫
当他们露出爱恨情仇的胎牙
他们就咬住了，春天的乳头
当他们吮吸，身子变得更白
在粉红的日子里成为颜色的异类
人妖恋清除计划将准时上演

春日：西湖进行曲

孤山的倒影。是西湖
最杰出的水墨画。水蛇
扭动着细腰，一截去年
残留的枯荷。维系着
冬天的霸权。它们一起
成为桃花的序曲。粉红的
起义。为拉德斯基进行曲
谱写最后的一稿。音乐喷泉
从久病中复苏。欢快的松鼠
成为最躁动的票友。它们用
跳跃的身姿，投出赞成票——
世间所有的爱情，都可以
在苏小小的墓前繁衍
让它们变得活色生香
让它们在世俗生活中蜕皮
露出自己的真身

热衷抓药的许仙。走过断桥
长长的锁骨。那时候还没有
一把伞，罩住江南所有的春色
那时候的白素贞，吐着红色信子
还没有搜寻到，恩人的体味
她胎动的情欲，被深埋在
冰冷的巢穴。他们在不同时间

她的情事

海风变成蠕动的双节虫
爬上异乡人的发声系统
在博鳌的锋面雨降临之前
一场必要的讲述准时到来

她撩动自己的头发，杭州老太
用故事蚕食着黑夜的孤独
她在等待着情人的到来。情欲
被积压成年久失修的庙宇

而那张情人的照片，就是
可随身携带的神龛。供奉着
她年轻时欲望的双眼。从她的中年
他就开始，奉命进入她的身体

她一直无法忘却，温柔夜晚的汁液
直到涂满她，已经干瘪的背部
在这个夜晚的缝隙，面对着
在异乡遇到的同乡，他开始布道

她化身为印度教性力派的圣女
我没有看到她泼洒颜色各异的粉

为爱情进行一次漫长的彩虹跑
只是用神龛。作为演说的道具

让聊斋故事蒙上神秘的黑纱
这发生在郊外。一座杭州开发商
新建的楼盘。牵引着书生们远离
闪烁的灯火。在无人相识的地方

她的情事摆脱了道德的木桩
在逸闻的漩涡里，挤出几滴
白色的泡沫。"过了今夜，我们将
永不再见。所以这绝对安全！"

她知道这将无法成为文字狱。作为
说书的民间艺人。她拥有最大的
自由空间。这次讲述将成为她
故事蛋糕的樱桃。并在余生舔舐

在那里，纵情的眼泪不会被
风霜的刀刃斩首。将被囚禁在
建筑中。圆点的泪珠解构方正的布局

这样过了半个甲子。他始终在
毛竹市场简易的水泥砖中穿行
他的子嗣，在这里发出第一声啼哭
他甚至没有忘记，裸露在星空下
文学化的自己。那不需要建筑的包裹

只需要，将自己设想成西部片的主角
在那里永远只有双枪，和一匹
被注射了流浪兴奋剂的骏马。随时射击
流窜的安定之念。将纸币兑换成
汹涌的液体。羊皮酒壶在仙人掌的领地掌权

叔父乔迁记

他将完整地拥有居室
告别漂泊酿就的敌意
他早已和一切握手言和
包括曾被他鄙视的生活
尤其是，带有温情言说的部分

谁还曾记得那些黑夜。他远离房屋
他独自面对星空，生命中
唯一的文学部分，在那里被
完整地展示。星座的排列
带有欺骗性。就像无情的前景

第一次否定，梦境在现实中的排练
比如他想拥有遮盖身躯的场所

旧爱与回忆

李双鱼

桃花诗

正月初一，女儿早起
非要我摘下桃花一枝
拥进怀里
在屋里奔跑
"时间开始滑走"
这是一道难解的算数
我不知道身后的时光
还剩多少，是否静好？

小镇生活

这个柔软的午后
自然刚刚止住一场雨
窗外全是安静的东西
一个偏僻的小镇
一条临河的街道
一生平淡的日子
一切笼统而真实
无论忧伤还是欣喜
抬眼望去
是我钟爱的偏冷月色

旧爱与回忆

山风推送鸟鸣
暮色轻浮尚未落定
年轻的打工女孩
在天后庙叩拜
膝盖上烙印
余温犹存的香灰
她将回到
等待改造的工业区
与年轻而贪玩的恋人
取走最后一把泪

全是安静的东西

全是安静的东西
青山、疏林、宝石蓝
水草招摇
将沧桑拢进船舱底
流水正以它随物的规则
在下一段行旅
被秋色深情尽染

罪己书

宋憩园

悼念黑光

"憩园，来给我熬一碗药。"

我一想起你
周遭都弥漫着一股草药味。

罪己书

下雨天，我忏悔。
神啊，我有罪；
女人，我有罪；嗷嗷待哺的孩子
我有罪。扛着台球桌飞奔的老人，我有罪。

出车祸的羚羊，我有罪。
雨越下越大，击打着我。

窗边抽烟的人群。
城市灯光滑动，从一面墙
滑向另一面。这么多面墙
面面相觑，将我们隔在谈吐之外。

被油印工厂和篮球场簇拥着的飞地书局；
被小铁笼子关在里面的重约2斤的老鼠；
被行政从宠物店领养回来的花猫。

铁闸门，对账单，保安，挖掘机，
滴滴快车，小蓝小黄小橙小鸣都是自行车。
天使投资，MI，VI，SI，CI。

我有罪，常借写作赦免。然有时
它们呈现的方式，让我被误解。
暗夜，雨下得如成千上万头犀牛
用犀牛角切割我的蝉鸣。

无外乎

休息日我让自己变成一个
比喻，我不能不比喻
或停下关于比喻的思维。
当我停下来
胡思乱想就如同虱子回到狮子身上。

我不能拿什么
比作活着，无外乎比喻。
整日午夜1234ABCD
我快魔怔了。
我要想方设法先弄魔怔自己。
像领头绵羊绝不把死
交给平原和麦田。

一个人，一头羊
作为存在的个物，没啥
可比性。你理顺你身上的性情
我剪短我的头发。
很多次，只用听觉判断一件事
是不对的，和只用视觉或触觉判断一样不对。

4月4日是清明的第一天
是清明节的最后一天。
我要纪念的有一部分已不在了，在的
不在身边，也是纪念的对象。如同你。
假如我的爱

是一万只蜜蜂酿出的蜂蜜。那我的悲
也不会是少一只蜜蜂，酿出的蜂蜜。

父子诗

早上带完乐宝，
我到公司写诗。
不必净手，身上的汗味
和乐宝的奶味在一起
是最美好的父子关系。

在语言中，这层关系
你喜欢吗？我喜欢。
我一边写一边自言自语，
乐宝你真帅气、聪敏、可爱
这就是父亲的诗，简直了。

有时我会苦闷于我的家，公司
和由此及彼的关系，绝对规矩的日常
你也会不耐烦。人的存在
在于折腾、兴奋、刺激性、泄气。
乐宝和这些都不同
并把我和这些东西区别开来。

比如现在，我倒了一满玻璃杯清水
在灯光下，从不同的角度看其形象
并试图在晃荡中寻求两个男性的均衡。

甚至，我端着这杯水，谨慎地
在我和乐宝溜达的空地上跑起来
那些悬出杯子的水滴
是我们关系的一种古老传统。

在西乡

朱巧玲

春日啐

我朝什么地方狂奔而去，像花朵
急赴于万丈落英的盛宴
你开出怎样硕大的花朵，来阻止这千军万马
狂奔着的惊悸
"爱人，你问我为什么？我忍不住哭出了声音"
"花开得太艳，令人有亡国的恐惧"
我情愿闭上眼睛
成为没有五官和心脏的人
我只倾听你的耳语，花瓣凋落的声音
"先说说我们的罪，再说说等待我们的镜子"
"你向我起誓，每日把悲喜含在口中
像山脉把黄金般的落日含在口里"
爱人，命运是这样安排的：

我们选择了莲花
我们失去了在水里呼吸的机会

在西乡

这些铺天盖地的红花和落英是前世的愁
正如你的手，划开清波

西乡的红都集中在这一刻
倾泻而出，它们是佛随手丢下的圣物，有神
　　秘的隐语
阳光猛烈，大风起舞（西乡的街道变得
诡异而陌生，有一点接近梦中的深渊和鬼蜮

你在阴影中泛着幽光的脸庞，惊动我心肠）
它是轮回的因，恰你牵我的手

我们已走到世界尽头，水中的倒影
并不深入，"向往做一个水鬼"
遍地的红花是舞台上的祝英台，是白蛇转生
一会儿烟消云散

结局仍是咿呀铿锵的南国小调，那惊心动魄处
依然是幻觉中的西乡。（这是否意味着即将
　发生的
都将逢凶化吉？是否你将拥抱我
如同拥抱从八方涌来的虚空？）

岷江

当你说起那个圆，用大海
来比喻
我开始接受这条波涛汹涌的河流
我把它的水提升到
云彩之上
我不能说自己心怀阴谋，不能用
岷江来称呼这条河流
如果你在它的岸边
看见了倒影和荒土
如果你藏好内心的火焰，会发现
它的脸一年比一年苍白
它最终的归宿可能是个洞穴，像大海
一样深沉而又不平静的圆

银杏树

银杏树是完美的
不完美的是在树下喝茶的我们

然后我们坐车去寺庙，一路上
遇见去烧香之人，有喜悦之人和有悲伤之人
人真是太多了
不如银杏树

银杏树保持着完美
我们却经历了失眠和雨水
"前方弯道、坡陡、路滑"
在中途返回是不可能的了
做一个无欲望之人也是不可能的了

那就陪我上山去吧
我们需要的清净，已不止于清净

听奥古讲座时
突然感到饥饿逐渐形成

杨沐子

在餐馆看新闻逐渐形成

喀土穆的雨滑过小镇，尸体成堆
蚁虫爬出来，翻身仰卧
够了，够了
巴希尔*没完没了地演讲
有关姑且，所在
迅速上升，其中
"我们"出现无数次
是要把我们禁闭在他的存在中？

一个男人按下手上自动锁车键
一个女人的高跟鞋哒哒作响
在斑马线上，足以使光太白
声音太硬，但他们是夫妻

他们不属于我们，这是一个例子

紧挨着修道院，一个修女
捡起暮春，一片花瓣
必有其不同于鸟鸣的曲风
他们不属于我们，这个主题

与你目光相撞，不是巧合
在报刊亭，买报纸的
他的过去和将来也不属于我们

星期三，我就这样对着电视机
在西餐厅，我们所有人
忽略了广场压制而来的乌云
把固定不动的旗帜变成一个如是——

橱子们跑出来围观，并叽叽喳喳
但他们从不说"我们"
而是：你，你，你们
老板娘大声吼着，怒目圆睁

注：巴希尔，苏丹总统。

在其间，弗洛伦萨像个花匠
进进出出，而烛光
摩擦着墙壁的两侧
仿佛在熊熊大火之中，多少人死去？
我不知道，只知道
在这空寂的大厅，真实与虚幻
构成了你一个信念，一个品味的动机

空空的教堂逐渐形成

仿佛蜜蜂来过
假如蜜蜂沿着窗口的爬藤飞舞
它能延伸一座花园吗？

也许，祈祷者来过
他们留下了什么？
也许，神来过
这些我们精神上的幻象
在瞬间就会变成泡影

我坐着，在椅子上
我的鼻孔里长出苔藓
我把耳朵贴过去，石头里长出小草
一个人穿过草地，影子没有改变什么
我把手伸过去，烟圈飘向街
一只狗嗅着一只破鞋
一个流浪汉朝着蔷薇啐了一口
我把思想拿过去，怎么也拿不动
然后，我发怒
唾沫就飞出去，再一次
不是又一次，我凝视
而我凝视并不指称凝视本身
亦属一种手段
就像教堂的门，被风吹得一开一合

坐在工作室小歇逐渐形成

今天和昨天，和前天，上月25号
是25号吗？好像附近的楼房
都在摇晃，狗和猫摇晃时
麻雀叽喳，大门就"咣当"一声
谁出去了？还是谁回来了？

一个被遮蔽的现在，停留在窗外
有人将蔬菜装上车，喊
萝卜10斤，土豆15斤，芹菜12斤
我也想喊，这被挖掘出来的世界
无分行，无标点，胡乱地混搭
以一个普通人的身份，在讨论中

哎呀，怀特，你就别生气了
小心眼是一种忌讳，就像晚上
想象小偷和鬼魂。他们说
在他们之中，传来冲水声
日常多么普及像固有的言辞一样普及

发现没？T餐馆的老板娘玛利
她的项链、耳环、手表
哪件不是上品？她那么高贵
竟然和那个黄毛服务生搞在一起
这难道不是一个很严肃的问题吗？

是的，天下没有不八卦的人！

听奥古讲座时突然感到饥饿逐渐形成

以南、向东的小窗都开着
墙上的藤，像首绝世巨诗
一首诗会因词不达意而费解
寂静也一样，变得沉闷
一个沉闷的必然性
会包括冷鸡和烩水果吗？
饥饿也一样，变得心神不宁

一个女生转过头，阳光渐渐隐退
一辆红色轿车，停在操场
几个坐在长椅子上的看着其他人
这世界都是人，一半死了
另一半降生，可你知道多少？

我的儿子，五年没见了
我反对导演这个行业是因为太辛苦
我知道，"我爱你"，"我担心"
这些话儿已进入不了你的意志
更无法跨界；而现在
伦敦为零时区——

麻雀逐渐消失在远处

森林与山谷画着绿色的条纹

一阵风穿过树冠，从我们的窗口
从奥古的嘴唇，黑，划出两道弧

深圳诗篇

不亦

幸运盒子

我躲在我的旁边
你看见而不能猜想的样子

打开盒子
幸运是什么
我想过但放弃了，闪念之间

你投注一个
又看几眼里面整齐排列的盒子
转身离开，加快脚步

我不会说
我的期待

你已经完美结束

我尝试包装一个美丽盒子：
大群广场鸽，咕咕飞落我身上
孩子们哇哇叫，扑向这新的稻草人

却有一只流浪狗冲进来
那么丑那么臭，毛发全脱落
像一团发霉的肉冻，抽嗅补丁鼻子

摇晃半截尾巴和胖舌头
似乎它在出生之前就知道这种命：
它撒了一大泡尿——

我接不了它的眼神，以后也会忘掉。

但此刻谁能告诉我
什么是幸运什么是盒子？

火山岩

你躺在沙滩上。地球引力
揪住你的身体画了一个我。

你若有所思。我悄然起身
踩着潮汐的欲念走向海。

新月初升的勇气惨白
面对回光返照的蛇舞海面。

你入梦，我感到失重的涵义
如鱼群化飞鸟送我入太虚。

我咬破它们鸣叫的气泡
听它们说：这玩意是什么

想着一种奇怪的东西
却能让星光沉迷于闪烁？

我带着爱的磁力离开了，
你寻找下一个灵魂——

用沙粒计算的每一刻
我们互为虚无而存在，

但不是生死相依的结构，去繁殖
终将落入黑洞而生的无数宇宙。

水库

果不其然，这山中
有水库，地图上不确定
是否还存在：它很小只有
两个足球场那么大，但堤坝
很高很坚固，一幅水彩

窥视天地的表情，让我兴奋。
自从爱上徒步，从来没有
失望过，这城里城外的山头——
寻找水库反而成为我的理由。
每座山都有水库
也是奇迹，有的名字改为湖

成为公园游乐场，锦鲤肥硕。
我知道现在很少有人
再这么想：水在高处
饥饿就不会出现在低处。
还有没有这样的场景：
放牛娃抓紧牛尾巴
游过水库，去割丰美的水草？

这执念从何而来：水之下
必有古话？仿佛与生俱来的
潜意识：我们漫长的木质文明
逐水而居，然后，总是埋在水里。

海洋牧场

波光粼粼，鸟盘旋
一片海域，它们知道
其中的秘密。驳船
逡巡卫星定位的海面，

投下礁石和珊瑚，
造龙宫不再需要龙王。

鲨鱼群也在
盘旋，偶尔露出
微笑，自以为是的牙齿
不会攻击潜水的技术员。

他取样海藻和微生物，
观察鱼卵，
欣赏大鱼吃小鱼
螃蟹追小虾的游戏。

都在等待。当然
会做别的事情——

鸟为繁殖而迁徙；
鲨群游向太平洋深处；
人类计划着攀登火星，
据说那里发现了螃蟹的踪迹。

龙王怎么想？
他会打报告给人类的神
提出主权的抗议？
他的理由充分而无奈：
人类制造的垃圾
在海洋汇集成漂移的大陆。

我拎着海鲜回家
呼朋唤友大快朵颐。
忽然想到一个问题：
多少年以后
那些海洋牧场里的小鱼小虾
会不会真的以为那是一个桃花源？

想一想他的灯光

他老了　喜欢在夜里开灯
如果不是这个动作　他会老得更快
小时候　他喜欢开着他的煤油灯
看着一只只瞎蠓子撞在他的灯部　然后装死
再大一些时　有了蜡烛　他用火柴点燃烛芯
这时候　他常常在火光里犯困
看上去　就像一摊蜡烛身上烧化的油
少年时　他的生活里出现了用人控制的机房
出现了电　但是到了深夜十二点后
整个村庄都在熄灭　为了省电　他也一样
习惯在十二点以前关灯睡觉　进入梦乡
再后来　他在灯光中老去
这时候　电一直不停

如果没有灯光　睡眠比登天还难
现在　他使用起台灯　就在他的桌前
伸手可及之处　整个光的世界
都停留在他的食指下方　但是这个动作太过简单
让他以为　整个往事　都是一个静止的按钮
不知道　哪一个夜　哪一个时刻
哪一根食指　会在开灯的一刹那
将象征死亡的形象也一起调暗

谁是谁的独白

是谁，一直住在你的大拇指上
使他显得过分茁壮而不可原谅
就像你的前半生
透射出矮胖的碑
同时他又赞美着其他的手指
如同一个善良过度的人
总是赞美身边的一切
以便度过令人颓废的一生

是谁，代替了一个雄辩家
不惜代价住在你的食指周围
他还喜欢散步以便突出他的理论高度
偶尔，在一些看似清淡实则苦难的时刻
他又显示出女人的气息
那样柔软无助又耐力十足
令人对一些普通的过错产生更大的悲怆

是谁，选择在你的无名指上澎湃
漂泊　游离　沉浮与沉默
仿佛他又看透了那些曾经许下谎言或者面对戒指而独自幻想的同类
仿佛他才是一个不喜欢金属和珍珠的人
他喜欢时间胜过喜欢一切事物
有一天，或许，他会半夜醉酒把你唤醒

告诉你，除了自己，只有时间会让他产生爱情

那么，另一些呢
爱上别人或者被别人所爱的那些人
现在，他们住在谁那里？
住在什么样的手指之上？
是光滑？是皱纹？是骨折？是残废？
还是通过一根手指开辟的山河？

现在
正是这样一批手
握住我

第九列火车开来的时候

你容颜下的一切灰尘
这光，这色，这欲，这情，这香，这梦
这吐出当年之光，又扔掉故土的唇齿
它冲过来，它包围过来，它张开，它合拢
它闪烁无泪的吟唱，握住秋天的喉
它是它，它是它自己，它是我，它是你，它是一切的一切
它流进秋天的车站，不流浪，不逃亡，不回避
它来到了，它提早来到了，它用心地把时间安排过来
在第九列火车开来的时候，它坐了上去
它的微光，它的冷静，它的轮廓，它的热
多少轮子的银白与折痕也挽回不了的轨道
它开来了，它就是要以它的方式开来
以它的社会，以它的磁场，以它的时代，以它的它
开进我的生活——
我成为另一轮灰尘，成为灰尘里活着的灰，冷艳的灰！
我成为另一轮太阳，成为太阳照耀不到的阳，冷傲的灰！
我成为另一轮月亮，成为月亮包围不了的亮，清白的灰！
这热烈的灰，火红的灰，花蕊抛弃过的灰，永远烧不尽的灰！
它在远处，挡住你的速度，你的方向，你的灰

慢慢托起，行走在大风里一群一群的人

我钟情于落伍的浪花

你不知道我死过一回
你变成瀑布冲撞我的眼睛
我用瞬间消失的事件托举这顽皮的月光

有多少人和我一样
钟情于世间落伍的浪花
钟情于熄灭的火焰
收割得一干二净的秋天
和落在大地之前的
你的模样……

钟情于手指伸进这一切时暴发的柔
钟情于这一切死亡之后留下的一切姿态……

而你
像是永别之后印在我唇上的一口钟
当我泯灭你时
你就让钟声响彻世界

塔西提

孙夜

塔西提

塔西提的女人都在岩崖下喝水
赤裸身体，泉水从乳房上快乐地流过

成为宗教的塔西提
国王已到暮年
土地都在女人那里

拿着斧头的男子，塔西提
隐入森林的树，拿着斧子
鱼接近海岸
沙子和岩石各得其所
羽毛干净的身世

骑马前往塔西提
海水流过六月里

索马里海盗

索马里海盗手握长矛
把马匹留在江东
脸上结着寒霜，心如刀

风吹日晒的索马里海盗
离开了农业和家畜
不再谈论土地

他们不用树枝伪装
在船桅上也不悬挂旗号
他们清楚地做着强盗

这些亚丁湾的金枪鱼
穿着普通的衣服
沉默着向天网游去

家乡气候良好
妻子带着孩子改嫁之后
过上了幸福的生活

柴火

雷蒙德卡佛站在院子里
面前堆着木材　气候湿润
月光照亮的雪峰
河水依旧从山谷里流过
一只乌鸦
在一株远处的树上飘落

工程从今晚开始
计划把木材变成柴火
他拿起锯子　用相等的距离
把木头断开　持续地
锯子在木头上发出木质的声音
在树上
乌鸦展开黑色的羽毛

木刺刺破他的手
这成堆的木材　在沉默中等候
木屑弥漫着潮湿的香气
雷蒙德卡佛继续沉默
乌鸦的叫声
穿过院子沉寂的上空

他还需要一把斧子
把断开的木头劈开
才能把木材变成柴火
他不是要完成一件事情
他只是需要进行

乌鸦在远处
羞辱了那个树

协商

我要和这个早晨协商
晨雾或者凉爽，能让我带走些什么
转身就能发现
草木在继续生长

在悬铃木谨慎的枝叶间
我要和其中一个鸟巢协商
借一些喜鹊的常用工具
适合夜色里双手
是不是坚持了就会有家
在枝叶间
像世界的一个遗忘

需要向不实之物协商
参照悬浮的光
能多给一点虚空
便于我展开，消失

我要和时光协商
山石上，那个我等待的人或其他
时间可以晚一些，速度可以慢一些
但一定要来

珞珈山之恋

颜久念

洞穴夫妇

为了太阳的光芒,那颗星星的眼睛
两只火烈鸟,相约成为天空的赌徒
紧接着,是一群虔诚的追随者

在云层、地面、这颗星球的任何一个空间
人们都不怕翻越厚厚的围城
穿过无人问津的花园
有时花朵枯萎,有时荆棘遍布

蛇的毒液注入每一个日子
我们还愿意,像一对酣眠的蝙蝠
倒挂在洞穴的岩壁,用尖利的爪子
划过黑色的漩涡

如果有一天,一切因追逐而死亡
请你们一定要安眠在长满玫瑰的洞穴

珞珈山之恋

第一场樱花落下,在山脚的湖畔
一只玉蚌打开,另一只合上

山坡上的别墅,掩映在葱郁的林木之间
神秘如青铜器的你,用妖媚的房中术
搜刮叛逆,被旗袍包裹的部分天性
让战火中的情人忘记了一个中文名字

只要无数个清晨的缠绵，随后脚步飞快
消失在楼梯间，没多久又是两只山羊初见
草地已经飞起，鸢尾花不敢睁开眼睛
这仙窟里的迷恋和无法理解的迷恋

"你该是英文的第十一个字母"，他信中写道
你既是一个古国，又是一场挑战传统的革命
事实上，K国从未有过任何彻底的革命
偷尝禁果也不是打破枷锁

东方女子对自己发动撕心裂肺的大屠杀
用蒙古刀和老鼠药向爱情示威
上前线的情人留下愤怒："没有一个中国女人，
会具有布卢姆斯勃里自由女性的精神"

第二场樱花落下，战火不再
坟冢与世界都沉默，唯独情事难平

致毛细血管女孩

"凡是幸福无法治愈的，
任何药物也都无法治愈。"
——马尔克斯《爱情和其他魔鬼》

最后一粒葡萄坠落，死亡的钟声敲响
毛细血管女孩，万圣护佑的谢尔娃·玛利亚
她的金发，流淌在"上帝之爱"医院

四处是白色的雪原，火山灰在半空停滞
原始的、疯狂的、岩浆般爱的力量
停止跳动，哪怕微小，停止迸发
停止这葡萄藤的攀援

你，博学的神甫
你诵读美妙的诗歌，烹饪精致的食物
你说那生生不息的毛细血管
是大地上蜿蜒的溪流，新娘的红色蕾丝
你制造了一次爱情
如同1991年的春天，一位父亲
收获了甜橙树下的果实

与此同时，你也把梦魇的尖牙利齿
刺向女孩每一个管壁，不再有
海水一样闪光的眼睛、婴儿的皮肤
那些沸腾的血液，魔鬼吸掉天使的血液
输送突变的肿瘤，侵入这完整的纱网

毛细血管女孩，过于敏感的小细胞
要享受普通人的爱情，得接受
驱邪仪式，青草浴和软化剂灌肠
还有天然锑药水及其他致命的迷魂汤
哭闹与挣扎，加倍露出紫红色斑块的狰狞

而神甫你呢？
你会向主老实彻底的忏悔吗？
你会用，钢铁般的仇恨
鞭打自己赤裸的身体吗？

在血与泪的泥泞里，一个魔鬼走向黑暗深处
还有谁会在窗前种下一粒葡萄籽？
毛细血管女孩，在皑皑的雪原等待
命运的呼吸及其他的魔鬼

诗的词语

草原的马在风雪中自由驰骋
你要我拿一根绳索

去拯救坠入悬崖的那一个，词语
一个丑而羞怯的小新娘，在见到她的完整丈夫前
想要成为意识的探险家
在纸莎草，方尖碑或是粘土上来一次荒野求生
心急的母亲为了完成古老的仪式，期盼她即日出嫁

我顺着你递来的绳索，深入峡谷里的秘密山洞
一首诗歌的磷火，照亮她扁平的鼻尖
照你的吩咐，我把绳索系到她脚上
噢，野气十足的小新娘
现在，我把她带到你面前
在中国古代，我也许该叫你月老
当你完成这场牵线行动

你打了一个响指，嘴里吐出一串make up
  "现在是21世纪，我们应该让小娘子们具备现代感!"

一场前沿时尚的造型设计开始了
你端详着这些词语新娘的脸
是该风情万种，俏皮可爱还是浓情华丽
前额的刘海儿应该做个柔顺
暗黄的皮肤在上妆前要注射一次水光针
还有眉型、眼影和腮红
对了，婚纱，婚纱一定要与潮流妆容相配
最后，你把新娘送到灯光四射的舞台上
摄影师将她装进美颜相机
在手机屏幕里，她终于和她的新郎融为一体
鼓手们敲起音乐吧，我们的新娘
她现在有了一个完整的家
她的母亲露出满意的笑容
朋友们玩起捉迷藏
造型师的那根绳索哪去了呢?

墨水之歌

霁晨

灾难

使人魔幻的,是表面的斑斓
如堆叠的大理石上绘制彩鸟
内里亚当赠送的一根灰石肋骨
惊奇的触感起源——
治疗我们毛孔仿拟环形山的皮肤病

过于宽松的手掌,无法回应火山的问候
那热,隶属于高贵的吻,而沉着女士的芳心
我们将无缘一见。那抵牾我们的力量
拧开海潮的阀门
驱动流量商的马达,开往失乐园

我们聆听所有有缺口的苹果相互啃噬

为这抽搐的音乐长久迷狂。悲哀
你的沉默导向我,寂静如六翼天使溜之大吉
哦,岂知这奇迹不是塑料做成?

岂止这破碎的深渊,皲裂的湖
屏蔽我们的全息视野
连同长庚星、南十字星、天狼星都辉煌陨落
那女士的芳心自动进入它们编织的捕鱼网
而你也不再是那个小心翼翼的瓶装魔鬼

追忆观音岭

将我们带至海边的不是禅而是摩托

乌云的发动机搬移地府
父亲肚中的弥勒他无心供奉
转向超现实，
"被巨浪卷入的学生已经成为调酒师。"

他们忍受着唾沫与海鸟的追逐，无法专注于
　　获取龙宫进修的名额
于是招来定海石的公正制裁，而不幸的是
这古老英雄抛掷的骰子，赎回的是几艘破旧
　　渔船

这英雄如今更乐于与妖精们分享海滩上的烧
　　烤残余物
并鼓着塑料袋的风帆去风暴中充当拱桥的劳役
我弟弟，意识到这是出悲剧，养成了饕餮螃
　　蟹的好胃

随后，阵雨，我们栖息于水洼的锁链上
在归去途中，整个碣石都来痛饮黑暗
此后父亲戒酒，撞击海南岛，瘦骨嶙峋

我们都被即将失传的渔歌穿透，成为透明的
　　杯盏
在它呼啸的边缘，与海有关的记忆快速隐退

为了多年后我们在帐篷、棕榈的队列中啜饮
　　此刻

马铃薯之歌

一群摄影师围绕它飞翔
像紫蝴蝶装点它
显现您的美吧，马铃薯
为何你不赛跑呢，马老大？

我们可以看到，它诞下了爱尔兰
西班牙殖民者高歌："我洗劫了它。"
那黄金，震惊着，"一切皆有报应。"
接着是迅速消失的百万人口

马铃薯骄傲，马铃薯滚石
让幽灵们骑着它飞过香农河
邀游神鱼，和公主一起谛听真理
直到乌云之律法笼罩这儿——

上帝的《种植百科》：
让它们生长在命运之上
我们永远与藻菌、瓢虫、蛴螬斗争

我的叔公种植马铃薯，在中国
马铃薯张开它强大的羽翼
在我们硕大的拳头之上
家庭，影院，无数空旷的宫殿

化身为天使，马铃薯们
报时一样的咔嚓声
我们衔着幻梦惊惧
随时准备献身！

墨水之歌

无眠之夜，唱诗班歇息
从第二声部开始散去，直至但丁
远离佛罗伦萨，退下他湿哒哒的袍子

在墨水世界，无人写作
诗篇是褶皱的餐布
人们沉痛地饮酒，分食光粒

欺负人群中面目可憎的狄俄尼索斯

树木是用来建筑教堂，真该宽慰
木刻圣人行动起来更加方便——

他们抛下我们，使我们遁入地狱吗？
尽管世界，积弊已久，无从变起
甚至高大的橡树，在冥河挺拔
一支倨傲不逊的笔！

让迷幻烟熏悲剧，二十一世纪，我舍友
画下他心目中的佛罗伦萨
让水墨的文艺复兴钉在了世界地图
为了魔鬼在心智的琉特琴久久旋转

可是，那贝雅特丽齐的桂冠，谁来戴上……

把群山投入夜色

徐东

大街上走过的女人

裸呈的左脚跐着窄带凉鞋
再向上是浑圆的，不停摆动的
小腿，另一只同样优美，犹如
天鹅的脖颈，只是没有发问
它呈现的是构成她存在的真实
在时空中的永恒。再往上
是遮蔽的真实，结实的大腿
肤色更加白皙。如果你想到
她两腿之间的禁区，想到
男欢女爱，也应想到圣洁如
婴儿的眼眸，望向莫测人世
想到你的姐妹，这会令你的爱
更加纯洁。哦，她光滑的腰肢

平坦的小腹，凸起如山峦的
胸部，饱含的美，超出你的
想象，你只能用心体会，她的
身体有着和你一样的温度
渴望祝福。哦，尤为重要的
是那张俏丽的脸庞，散发着微光
有着令你迷惑的表情，仿佛
对全人类有着一丝爱情

绿化工人

中午时分，他用水龙头对着
路旁的花木喷水，他在扮演

某个天使的形象。这不重
要重要的是迷彩服捂出一身臭汗
令他反复想着，回家可得好好
洗一洗，正如我有时也要洗去
一身疲惫，需要舒展四肢
躺在沙发上看一本诗集
哦，他想着畅饮甘泉的植物
想着大街上走过的某个女人
突然间有了可憎而又可爱的
欲望，并紧紧握住纯粹的肉体
喷水，喷水，朝着感受中每个人
喷水，喷水，并让星空的影子
在瞬间呈现出上千种可能

中午时分在公园

棕榈榕树以及别的树，树干
竖起的坚实，用力与靠在树上
休息的中年人对抗并交换感受时
出现一大片沉默。他眼眸呆滞地
看向更远处的树影，以及树荫下
形形色色的人。他享受纯粹的
栖息，尽管此时并没有诗意
在心间流动。他可以躺下来
与泥土亲近，与小草交谈
也可以调整呼吸与心跳，想着
远处走来一位善良可亲的女人
她不必太过靓丽——如果他爱怜
轮椅上垂首而坐的那位老妇人
就该有多情的女人爱着他
以及像他一样伤感且一样
厌倦了在时光里叹息的人们

把群山投入夜色

可以肯定，我们需要诗
而诗，可以不需要语言
试试吧，用身体与桌子相爱
用目光梳理它带纹的长发
用手臂抱起它，然后放下
我确信不是放在原处。因为
时空会变，我也会变，一件事
和人结合，或树与鸟儿结合
有上万种可能，例如我端坐在房间
写诗，也可以站起来走走停停
可以唱歌，也可以跳舞，不管
桌子和房间，有没有耳朵和眼睛
说得绝对一点儿，没有诗歌就没有
人生，也没有男人女人的爱情
没有可以感受到的时空，可以
安放怀抱中的事物。哦，我习惯
走向远方，而远方无诗
只把群山投入夜色

夜宇宙

唐驹

深圳地王大厦

这是大剧院商圈的地标性建筑
它高矗入云　俯瞰着深圳
香港那些宠儿们穿戴真假名牌
来来往往地出入在大厦透明直梯中

他们站在直梯中像时代那样上升
有富的人和丑的人
他们像同梦人那样拥抱在一起
就像地王大厦那样见证过深圳历史：
一天盖一层楼的发展奇迹

这里是展开深圳最初梦想的地方
它的高度已高过天空。

68楼的空中旋转餐厅缓缓地旋转一周
陈旧的历史不断变成黑白

新鲜的时代不断绽放出色彩
地王大厦像绅士那样两鬓斑白
它看着新潮的人们涌向新开发的旅游胜地
看见睡醒的人们品尝着美食

但它认为自己始终是这个城市的
灵魂　在正午和午夜
它的身影都会缓缓走入旋转餐厅之上的天空
和一道闪电握手
向等待它美好笑容的人们说明天再见

深圳大剧院：飞行器音乐厅

在下雨的天气里
大剧院站完全沉默了
他像一个孩子那样孤独　双手捂住耳朵
默默地走向远方　渐渐隐入四周人海

大剧院站左侧的那座大剧院宫殿
在不下雨时的夜晚灯火通明
它像一个椭圆形的飞行器一样
在夜色苍茫中刚刚收起自己的雨翼
落卧在这个陌生的城市里

为了聆听大剧院跳动的心脏
一批又一批市民从大剧院站B出口涌出
我也是这群洪流中的一滴水
沿着宽阔无边的大剧院广场走呀走

有时候我忘了大剧院是一座城市音乐厅
而是一个能俯瞰整座城的思想者
它有着奇妙的点燃思想的火炬
当你气喘吁吁赶到它的面前
人们在里面张灯结彩布施彩球和火焰
这些都是思想者眼中闪烁的美丽碎片

深圳地铁：大剧院站

昏昏沉沉的人们在地铁中
仿佛是迷失的一群人
他们来自的地方比遥远还要远
他们要去的地方比梦中还要陌生

我离我要去的那个站台愈来愈近了
空心人在那个站给我举了一个站牌

站牌上写道：大剧院站
我来到的时候　火焰在大剧院站的脸上
一闪而过

火焰也在空心人的空心里燃烧
但是我心里很冷　这里是冬天
温度很低。我轻轻地跺脚
把脚印留在了大剧院的红地毯上

这一天还拍照了大剧院站牌的脸
和空心人的空心
他们把两张照片留给了我
但是我什么都没看见

我假装接过了照片
用眼瞳的部分扫描了一遍
现实生活其实是三部分组成：
一部分是过去
一部分是未来
还有一部分是空白

夜宇宙

沿着夜色最浓黑霓虹最艳丽的
方向　城市的夜色的洪流
像百万大军被淹没的黑色浓发那样
荒凉和狂野　它又像河流在宽阔的弯处转向
从白天的河床奔流到夜色

不断跳动的胸膛里。那里是一望无际的整个
　夜空
当白天戴着墨镜一语不发地离开
宇宙幽灵设计的大船　威风凛凛地驶入
夜空那一顶沉静无比和空旷的帽子中

人流和大船都在硕大无比的黑色礼帽中沉浮
黑色的礼帽
让那一根绅士的手杖指挥人们合唱
赞美诗　灯光和霓虹
是夜空中最为醒目的双眸和红唇

夜空在描绘一个人的影子
从渺小突然膨胀得高过宇宙的边界
把他从人海中找回再把他描成世俗那样的红剪纸
放在夜宇宙的心窗里点亮
让他自谋生路吧

旧时光 安安

旧时光

酥油茶又暖了
火炉里的炭烧不慌不忙
这个时候的迪庆小城，月光细碎，马匹温顺
适合编织，适合临水描摹

时光之外。一些小细节
白布鞋、白草帽
白裙子的长度刚刚好
长发的少年跳起了弦子舞
马儿开始了欢叫

一匹两匹无数匹
林间、草原、金沙江、虎跳峡

雨后的彩虹
还有来自香巴拉的雄鹰
哦，这长满翅膀的季节
惊醒了整个迪庆的冬天
惊开了一树又一树的桃花

于是，我来
于是，波光粼粼，流水缓缓
旧时光。慢桃花。酥油茶。

冬日

应该有着小小欢喜

应该是阳光下的某一朵
或者你期待的某一段
有着清晰明确的轮廓

临街的玻璃窗被洗刷得干净剔透
你能看到凤凰树依然翠绿
路上行人匆匆
会有某个熟悉的影像
描述你曾经来过的具体:

凌厉但必然
决绝但温存
像一只被宠溺过头的小母豹
站在高处攫取金黄
借助母性的柔软,抛出
一个又一个巨大的可能性
这个冬日
雨水恰好,花开无声

清明

更多时候,是安静的
带着刀锋的冷
像你离开之后
我经常忘记续上香薰的花茶

长久的沉淀,颜色褪尽
再也没有人来唤醒我的童年了
槐树,桑葚,卡其蓝
你乌黑的盘发

河水涌动,时间忽然静止
漫山遍野的红
但我不能再动用桃花这个词了

外婆,你看这大好的春天
芳草萋萋,雨水绵绵

熔断

仿佛一个幸福的人
这一天,深南大道被突如其来的熔断
一刀切过
江山一片翠绿
有人借助现场酿造一段又一段的精彩
无须交代背景,无须融入情感
我们天生都是幽默大师
擅长分解和稀释
擅长在一块又一块铁的黑中
看彩旗飘飘,歌舞升平
此时马路阔大,一路绿灯
赶工分的人们,更加努力无比
没有一个人
提前出来和我争夺车道

端的冬天

骆家

座山雕别议

——给桑克

戴着顶皮帽子去看桑克
诗歌雪原的"座山雕"
不只被诗人们夸赞
天龙盖地虎"对"小鸡炖蘑菇

江北还是江北，多了个
冰雪大世界
滔滔松花江水，只变成
一畦冰菜地

或许江北再往北更好
肇东安达大庆齐齐哈尔黑河

此刻，被掏空的二十年
如雪崩呼啸而来

冰城的雪

不出所料，回冰城遭遇了一场及时雪
像一位慈祥的老人撒下的礼物
耕牛绕不开绳桩。没有贫富的慷慨
那些穿貂皮大衣的人们
也接受了老天的馈赠和祝福

从防洪纪念塔和安睡的松花江上回头
没错过雪雕塑和一根马迭尔冰棍

臃肿的棉裤窸窣声相闻，硕大绒帽里
一张张哈气的脸，一把老骨头
在中央大街爆炸的霓虹深处迷路

我们相爱很久，城却愈来陌生
江面上朔风和冰面一样一贫如洗
正午的阳光妩媚如春
在雪的背景里冰糖葫芦花开
只是我们并排的影子仍不肯相认

冬至

十二月，果实恰到好处
放纵钳制在一座孤岛

静不下来。老实巴交的雨
像极了北方迁徙而来的候鸟

夜太长，如痴如狂
曼九节的每一片叶子皆不同

谁还在摇荡无人的秋千
微醺的夜终将老去

我要拦住冬至，把词语
洗净、切堆、烹饪、咀嚼

从未见时间可以治愈什么
这条老狗，每根骨头都不放过

端的冬天

把时间系在虎口
童年困顿于泥泞。老财主
赶走了长工，几匹磨坊的驴嘶叫
并向温润的海水和候鸟说冷
琴叶榕的新叶长满锈斑，毫无征兆
直升机径直飞过镜头的中位
沙河的水草和晨跑的人挤满愁绪
不远处汽笛声隐约听到鸟鸣
武将的头盔空置。下意识
包括不倒翁酒杯、透明水泡和马油
还有一双深邃的黑色眼穴
铁冬青对看一株秋枫，腰身如桶
没有光，唯老朴树肃立一旁
低，是端的冬天

【法国】弗朗西斯·孔博七首

明迪译

地球不是圆的

不，地球不是圆的
如果地球是圆的
你就会看到
感觉到
如果地球是圆的
就不会一部分人
在上面，一部分人
在旁边，绝大多数人
在下面，在底层……
如果地球是圆的
就没有国家可以说
自己在地球中心
所有东西都应该在中心

全人类
不管在地球上哪个方位
都应该在同一条船上
但事实并非如此
地球歪着走
因为地球不是圆的
不管怎么说
还没有圆起来

忠告

地球行星的漂亮孩子们
在地球上走路

在地球上蹦跶
在地球上跳舞
在地球上打架
但不是互相之间噢。
吃，喝，笑
在地球上打滚
做爱
然后，累了
躺下，在地球上睡觉
在你躺于地底下
永久睡眠那一刻
到来之前，在地球上折腾吧

马雅可夫斯基与革命保守派

夏天时，弗拉基米尔，我经过你家
你不在，但我轻易就进去了。
我看见你住过的那间很小的房间
在谢罗夫大道的集体公寓里。
显然没有什么变化，
看着铅笔、书写垫、和记录簿，
让人感到你不过是外出，正在回家的路上。
写诗所需的工具都在那里，
在木桌上。
报纸、香烟、甚至雨伞。
我想象你坐着，厚嘴唇，生气的样子，
黑眼睛固定在眼窝里，
多愁善感，郁闷，像一只小狗，
那顶破旧的流氓帽还戴在你头上。
你想用全部愿望聚集的力量，
让工人、农民、学会游行，
走正步，靴子劈里啪啦带着快感，
在我们的行星，地球的这一小块地方上；
最终，他们会与老板和地主一起，

在群星之中，而这恰恰是上帝的平等。
你想把心脏的外观直接放大
到宇宙的维度。
正是在这里，你拉开了文字的色调和呐喊
号召全世界被压迫的群众
进入总动员
为了爱，革命，热水，
以及第五国际。因为你知道
在睡眠中，革命
会怎样死去。而且，赶走国王
成为胜利者，还不够。
你反抗，叛逆，
始终与人民群众一起，又始终反对他们：
你知道，没有冲突或矛盾
就没有进步。

噢！弗拉基米尔，我的兄弟……
你回来之后，又过了很长时间。
你知道，房子有了很大变化，
你甚至会认不出楼梯，
革命保守党
促使这个房屋成为陵墓级别。
你邻居生活在那里，连同他们脏兮兮
的孩子，流鼻涕，吹口哨，开水壶一样快乐，
他们把墙壁修复成粉红色大理石
并准备到处刷爱国泥灰，
他们肆无忌惮地挥舞假枪
（放在一起非常奇怪，那些苍白的雕像
并不适合战斗，也不适合你，震撼制造者。）
这些抛出黑桃A杀死你的人
种植在你心脏里，用萘粉覆盖你，
把先锋头巾围在你脖子上。
也许明天，在历史法庭上
人们会说，检查那些浩繁档案：
"他们想挽救革命，却失去了革命。
他们想把它变成一座雕像，却已吓呆了。"
但是今天，弗拉基米尔，我的朋友，我的兄弟，

十月从它的基座上下来了，
革命者有点失落
但地球永远进行自己的革命转动，
水从钟乳石鼻子里流出。
你自己会重新在我们中间找到位置
在相反的方向拉动，以使你的声音
成为一片皱眉头的云，裤子的载体。
肯定有些杰出的诗人会留下来
他们会很高兴地派遣你去塞满发霉物的
遗忘冷宫……
但这有什么关系，翻开你的书
拍打一下，通常这样就足够了。
你的诗歌有肩膀，但过于大，
不适合进入
通往书院的门框。
弗拉基米尔，我的朋友，我一直没能见到你
但我留下一本黄金书，这是给你的留言：
"如果你在地球上
任何一处漫步
再次把它称为家吧。"

裁军

在危险的紧迫性到来前
老鹰，熊，母鸡，公鸡，猫
和狗
将会成功地克服
各种意识形态
以便一起乘上
诺亚方舟。

跳进漓江
——给帕翠夏

四周，群山迷失于雾中，
河流静默地蜿蜒。
对岸有一些水牛在水中隐现。
一个渔夫带着鸬鹚划船而过。
一位中国老人穿着短裤游泳。
一位母亲把孩子们放入水中，用肥皂擦洗
……

随后我的白身体小心翼翼滑入水中。
而你，我们两人中更现实主义的一个，
不担心此处水有多深
一头扎进河里，
胸部擦过河床石子。

也许是也许不是中国鸡年，
你总是时刻准备把自己扔进虚空中，
活在星辰之间，白羊座的标志下，
你是我的意气风发的小洪流，
我的生命之水，眼中没有寒意，
诸多原因也包括此原因我爱你。

西方女人的形象

美丽，苗条，永远年轻，活跃，
摩登，智性，运动型，
微笑，独立，令人兴奋，具有欲望，
永远自由，随时可用，
无论穿衣还是赤裸裸
西方女人的形象从各方面永远是完美的。
但一个形象，你不能碰它，
动它，给它快乐，

痛苦，失望，
甚至娱乐。
女性的形象
你可以喜欢它，如果愿意的话还可以崇拜它，
但不能使它爱上谁。
这形象可以引诱人，但不能被引诱，
可以刺激人，
确实刺激，
但不能享受。
这些形象没有乐趣，没有羞耻，
没有真正的胆量，
或者勇气。
这些形象可以说话，但不会思考。
这些形象没有难题，
没有项目，
它们不工作，
不梦想，也不打架。
形象永远是明智的。
而我住在这些形象主导的
西方世界
我知道一个女人
（至少一个）
不是形象。

斑鸠的自由

古时候，皇帝习惯
在庆祝新年时
释放大批斑鸠
以显示仁慈与慷慨。
为了准备斑鸠的解放节，
全国所有农民被征用
数周
捉斑鸠，并上缴宫里，

而在捕捉时，许多斑鸠死去。
因为那时，自由对于斑鸠非常昂贵。

天使送我药片

多多

对不起

坐在临别的机场
他向我索要一个吻
他歪着脑袋的样子真像一条即将入睡的小蛇
可我的怀抱已经苍老
面对疤痕，再无二心

鸵鸟爱人

把头埋进肚子，像鸵鸟那样
保持身体的曲张
让我看到你的光滑

不要抬头
你这懦弱的，羞怯的爱人
就让蟑螂摇摆着走过
让污言秽语刺入胸膛
把手伸进去
摁住那些微弱的跳动

没有关系，我的爱人
我只需要这么一点点
不够光明，也不正确的爱

人的生

生，出生，生下他
没有什么比生更像活着
生一个健全的人
鼻子不能在脑袋上
生一个明辨是非的人
此生只对骗子撒谎

蚂蚁不会哭
石子儿不会哭
假模假式不是哭
哭是活的开始，生的可靠证明

找一个不爱的人
生一个爱之入髓的孩子
把他清洗干净
一字不漏地告诉他父亲的卑劣，和生出他的
　　喜悦

无痛人流

走过去，躺下，分开双腿
来，打开你的身体
袒露出所有
我将赐你于无痛

我在空气中注入无痛
在血液中注入无痛
痛感被麻木。麻木让你无痛

看，姑娘们呼吸均匀
她们享受无痛
无痛在静脉深流

那个灰唧唧的小东西
那团血肉模糊？
放心，它没有痛感
它无知无觉。它不知疼痛

好，再吸一次，注意胎盘
胎盘大补。保持它的完整性
它会滑落
像胎儿一样，终将滑落

哭泣的羔羊

我已厌倦憎恨你
你，和你们。我的父亲
厌倦你们给我的铅块
这些无法呼吸的绞刑
背着它们，我已前行三十年

我被迫成为你们的女儿
一次出生
一次婚娶
我被赐予两种姓氏
横切两刀，却不能平行

噢，爸爸
这个荒谬的叠音
这些切进舌头的碎玻璃
每喊一次的胆战心惊
你是对的。你们是对的

你们喋喋不休，互控奸情
我是那个羞耻的多余
我尝试替你们动手，把自己剥除。

我摘掉心脏，手捧碎骨
它们该还给你，还是你？

这狗咬的三十年
没有答案的三十年
我已厌倦

大步奔跑的女人

风儿，如果你迟迟不来
细沙便不肯倾盆而下
我也无法趁着漫天的冗杂制造一场兵荒马乱
我需要松开身体，掷鞋而行

我的脚趾一片猩红
我在夜里嗜血
我踮着脚尖，我撕破长裙
我束起长发。我闭上眼睛
我近乎全裸。我以赤裸的躯体踽踽而行

风儿，如果你迟迟不来
我会来不及掩盖肮脏的透明
被邪恶吸饱的骨骼
我不知道该如何遮蔽

风儿，也许你可以不用来
我可以轻轻摘下脑袋
这颗罪恶的果实已熟透
我不堪重负
我把它提握在手
无头一身轻。我喜极而泣
我大步奔走

风儿你不必来

睡

睡，在暴雨里睡
在狂风大作时睡
夹着尾巴睡，蜷缩身体
搂着烈日睡，把自己烫伤
睡死在风和日丽里
消失殆尽，尸骨无存
跟一个陌生的人
一个无法爱上的人。
像狗一样睡去
流着哈喇子
在梦里把自己掐死
看着自己分娩出自己

我在你那儿拥有了全部的娇媚

月光不合时宜地贴了上来
我退回去，退去一个它够不着的角落
可它那么迷人啊，轻柔又多情

我想被它看见，看见我身体里所有的隐秘
触摸那些沉默的突起，属于石灰岩的部分
而它最好什么也别问
哪怕即刻把我忘掉

我知道你会伸手拉住我
可是亲爱的
我只想向它展示一次，你给我的全部娇媚

情人节

无数个清晨，我这样醒来：
紧闭双眼，然后看见
鹿从青草地穿过
你从我的身体里穿过

元宵节的发现

每次
想起母亲
总是同情
她膏药一样的婚姻
贴了撕。撕了贴
附带撕下的一点皮毛
就成了她
生活的全部

此时，就在此时
在这个空荡的房间
突然发现
我跟她，唯一的不同
是我从不敢伸出手，向未知讨副膏药
这么想想
我又开始，同情起我自己

出走

今夜是你的第一次出走
没有道别
——出走需要什么道别

我摘下手腕上的链子。费了些劲。
这是我第一次摘下它。
第一次是你给我戴上的

链子赤裸在桌上，白晃晃。
冷酷的亮。失去体温的亮
我盯着它，突然不知所措

我隐约觉得，这种亮
像一场远离
像你，像我，像我们的爱情
留下来的
是我所知道的，孤独的全部含义

停下来

妈妈，我曾经杀死了你
在此前，我已逃离二十年
为安全起见，我缝合嘴唇
任你在舌尖跳跃

妈妈，我没有成功
我差一点就要成功了。
我快要成功的时候
一轮月亮来到了我面前

月光泛着红，泛着白
泛着被清洁过的柔软
它们包围着我
像你最初的眼睛，我的逃离
是触手可及的谅解，是全部的南北和东西

妈妈，我停下来了
就在今晚

我不可能不在一轮月亮面前停下来

时不时地，像这样
指责我

夫妻生活

这么些年
我们用藏在身体的恶
来犯下对彼此的罪
直到学会不痛不痒
以及无关痛痒

夫妻生活（二）

我们谈猫谈钱谈孩子
却不再谈自己

和我共用一具身体的骨头

我的骨头，在夜里
咯咯作响
贴着床板
咯咯咯，咯咯笑
像一群小女孩，要坐起来
要走过来，伸出食指
指责我

这些消瘦的女孩
刀片状的女孩
跟我并没什么关系
无非是，藏在我体内

第二天

外婆从里屋抱出一摞衣服
放在沙发上
转身回到里屋
又抱出一摞，堆在刚才的衣服上
接着抱出一摞裤子
又抱出一摞袜子
她不停地抱
衣服裤子袜子不停地堆
堆到无处可堆
堆到这堆衣物液体一样四处流
她说，现在拿到公墓，烧给你外公
不需要到头七
我已经受够了他

小意达的花

夜晚并不只能跳舞
那支叫郁金香的花
请蒙上脸
跟我一起
去街头。找个玻璃橱窗
或者铁皮集装箱
掏出枪
砰砰砰，放上三枪
碎片会照出你一半的透明

你可以记住这一半的透明，
趁着月光

然后爬进另一个街区的疯人院
据我所知
他们的围墙并不高
如果突然加高
也没什么关系
这次可以用舞步
从大门进去
这次可以不蒙脸
这次管它有没有月光

安泰的跳跃

我要踮起脚尖
才够得上酱油瓶的距离
花洒的距离
和亲吻他的距离

有时炉火旺盛
水流细小
而他摁响门铃

我会忘记盖亚的危险、赫拉的阴谋
迫不及待地
跳离地面

曾经

你不知道
我曾经怎样练习呼与吸

在无数个难辨真伪的黑夜

天使送我药片

喜喜在我手心里放了一只药片
又朝我脑袋上贴了一只药片
接着往我脊背里灌了一些药片
最后她打开自己，药片像星星一样倾巢而出
她的泪水也像星星一样闪烁其间
噢，喜喜
我不想要那么多药片
我想要你带一只桨，在我的血液里划上一天
边划边歌唱。就唱那首拙笨的
母鸭带小鸭